榴岛宝藏

推进文物研学
传承海岛文化
践行立德树人

主编◎徐建红 陈丹

中国财富出版社有限公司

图书在版编目(CIP)数据

榴岛宝藏 / 徐建红，陈丹主编. — 北京：中国财富出版社有限公司，2020.10
ISBN 978-7-5047-7251-0

Ⅰ.①榴… Ⅱ.①徐… ②陈… Ⅲ.①名胜古迹—介绍—玉环 Ⅳ.①K928.705.54

中国版本图书馆 CIP 数据核字(2020)第 187278 号

策划编辑	李　丽	责任编辑	郭怡君	版权编辑	李　洋
责任印制	梁　凡	责任校对	孙丽丽	责任发行	于　宁

出版发行	中国财富出版社有限公司		
社　　址	北京市丰台区南四环西路 188 号 5 区 20 楼	邮政编码	100070
电　　话	010-52227588 转 2098（发行部）	010-52227588 转 321（总编室）	
	010-52227566（24 小时读者服务）	010-52227588 转 305（质检部）	
网　　址	http://www.cfpress.com.cn	排　版	亳州徽墨文化传媒有限公司
经　　销	新华书店	印　刷	廊坊市文峰档案印务有限公司
书　　号	ISBN 978-7-5047-7251-0/K · 0246		
开　　本	710mm×1000mm　1/16	版　次	2024 年 11 月第 1 版
印　　张	7.25	印　次	2024 年 11 月第 1 次印刷
字　　数	111 千字	定　价	68.00 元

版权所有·侵权必究·印装差错·负责调换

·顾 问

　　江德海　李旦福　蒋瑞梁

·主 编

　　徐建红　陈 丹

·编写组成员

　　潘海龙　卢晨薇　杨张勇　王明鹏
　　王 琴　金金扬　李丹霞　章魁伟
　　林素娇　王敏淑　余 剑　郑王意
　　郭丹婷　杨胜芳　徐旭升　林根熙

溯源文物文脉　培植家国情怀（代序）

教育是国之大计、党之大计。习近平总书记深刻回答了"培养什么人、怎样培养人、为谁培养人"的问题，生动诠释了教育的根本任务就是培养德智体美劳全面发展的社会主义建设者和接班人。树人必先立德，要全面加强中小学生理想信念和社会主义核心价值观教育，推进落实《新时代爱国主义教育实施纲要》，固本培元、守正创新，把家国情怀融入具体教育实践，以"立心""立行"擦亮学生人生底色。研学旅行是一门新兴的综合课程。2016年，教育部等11部门联合印发《关于推进中小学生研学旅行的意见》，明确要求各中小学积极开展研学旅行，并与学校课程有机融合，以满足新时代学生实践性学习的教育需求。

玉环地处浙江省东南沿海，系全国十四个海岛县（市）之一，陆域面积378平方千米，市域内蕴藏着较为丰富的文物资源。现全市共有十余处文物保护单位。这些历经岁月风雨后保留下来的文物遗迹是家乡弥足珍贵的瑰宝，也是中小学生综合实践学习活动的重要课程资源。探寻、认识这些不可移动文物遗迹，可以让我们更真实地传播乡土历史文化，更生动地以文物溯源、文化浸润来培植学生们的家国情怀。我市徐建红、陈丹老师组织编写以玉环古地名命名的研学用书即本书《榴岛宝藏》，充分展示了我市文物积淀的文化内涵，在学生面前徐徐展开了一幅海岛地方史的文化画卷。市中小学生研学实践学校将文物鉴赏和研学旅行有机融合，创新推出了寓教于行、意义非凡的文物研学活动课程。

玉环，与雁荡山隔海相望、船笛相闻，主要由玉环本岛和楚门半岛组成。玉环岛古称榴屿，"榴"字源于岛屿上的木榴山，后因避讳吴越王钱镠改称玉环山，即玉环。玉环地处海滨，历史悠久，早在3000多年前就有古越人在此生活繁衍，创造了丰富的古越文明。在玉环发展史上，海岛海防地位起到了关键性作用，可以说玉环因海患而衰，因海防而兴。明清之际，先是倭寇侵扰不断，继而海上抗清不息，政府无心控海而让沿海百姓弃地内迁，玉环百姓深受其害，曾几度成为荒芜之地。历史上玉环苔山寨城和小鹿巡检司是东南沿海的防线；楚门文化古镇兴起是缘于明朝设置的千户所军事机构；清朝雍正皇帝在浙江巡抚李卫的奏书里看到了玉环海防的战略作用，玉环才开始了独立设县治的历史。1728年，玉环厅设立，从此掀开了玉环建设和发展的新篇章。

"三时亦讨海，耕渔以为生。"玉环的文化烙印着浓厚的海洋文化，今天我们生活的大部分平原区块在古代则是汪洋大海。自古以来，玉环与大海休戚与共：优越的海盐生产条件，使玉环在宋朝时就出现了发达的制盐业，海盐生产使地方社会经济获得了初步发展，并成为玉环文明发展进程的主线；海岛多山少地，玉环百姓为果腹而不畏艰辛地修筑海塘海堤，围海造田造地，才有了今天市域镇区村居的地理雏形；乐清湾海上游击根据地，记录了现代浙江东南沿海英勇志士们浴血奋战的历史，为中华人民共和国的成立谱写了光辉一页……海洋文化衍生出独特的移民文化，家乡方言众多，多元文化交织，这又影响着一代又一代的玉环人。

探究历史的变迁和文明的发展，文物和习俗是重要的认识途径和方法。2017年4月，习近平总书记在广西考察时指出："要让文物说话，让历史说话，让文化说话。要加强文物保护和利用，加强历史研究和传承，使中华优秀传统文化不断发扬光大。"我市开展研学旅行活动，创设"研中学、旅中悟"的教育新生态，"得法于课内，得益于课外"，让中小学生在春风化雨、润物无声的浸润和熏陶中实现思想教育引领和家国情怀培植。推进文物研学，溯源文物文脉，既可帮助学生打开洞察家乡的历史文化之窗，又能促进学生走向社会、体验生活，拓展知识面、提高实践力。

　　作为研学用书的《榴岛宝藏》，全书由"文物概览""文物说史""文物保护""文物研学"等部分组成，书中设置了文物研学的工具箱，提供了研学主题和参考资料，引导学生对文物背后的内涵进行探究性学习。近年来，我市部分学生在学习之余，走出校园、拿起相机，实地考察了芦浦百年碉楼、纪恩诗摩崖题记、坎门验潮所等文物遗迹，论证记录下身边的乡土历史，并获取相关口述史作为文献学习的重要补充。在专业老师的指导下写出一批具有较高价值的综合性实践报告，有的报告荣获了浙江省中小学生综合实践活动优秀成果奖。

　　文物是人类活动的遗存，是文化传承的有效载体。让我们认识文物，溯源文物文脉；传承历史，培植家国情怀。是为序。

陈海鸣

2020年10月

目 录

文物研学
第一课　遇见榴岛宝藏 ……………………………………………… 2

石刻、墓葬
第二课　摩崖石刻上的玉环前生 …………………………………… 12
第三课　从陈参墓看明朝墓葬文化 ………………………………… 18
第四课　抗英英雄林正阳的长眠之所 ……………………………… 25

聚落遗址
第五课　三合潭遗址的先民足迹 …………………………………… 36
第六课　从前塘垟遗址看玉环盐业 ………………………………… 43
第七课　见证海上抗清的苔山寨城 ………………………………… 50
第八课　边防要塞小鹿巡检司土城 ………………………………… 55

乡土建筑
第九课　承载着海洋文化的妈祖宫 ………………………………… 62
第十课　东西村的古戏台文化 ……………………………………… 69
第十一课　楚门老十字街的变迁 …………………………………… 75
第十二课　硝烟散去的百年碉楼 …………………………………… 83

近现代史迹
第十三课　充满爱国情怀与科学追求的坎门验潮所 ……………… 92

参考资料 ……………………………………………………………… 97
附录　思维窗参考答案 ……………………………………………… 98

文物研学

第一课　遇见榴岛宝藏

文物是历史的见证者，是过去写给今天和未来的书信。榴岛虽小，宝藏不少，让我们在学习课本知识的同时走向田野，去探索家乡的不可移动文物遗产，开启我们的文物研学旅行——"遇见榴岛宝藏"。相信学习完本课程，你将收获关于玉环的沧海桑田、灿烂文化、革命岁月……自己也将在收获中成长！

文物概览

玉环，三面环海，南向插入东海。这里海风猎猎，气候宜人，活力迸发，已连续多年跻身全国百强县（市）行列，并于2017年5月成功撤县建市，成为一座年轻的滨海城市。

翻开历史，玉环土地逼仄，百姓贫苦，是偏远蛮荒的"化外之地"，1728年玉环厅建立前只是"乡"一级行政单位，曾三次遭废弃，文化屡屡中断，我们现在已很难找到明朝以前关于玉环完整的文献资料。

《玉环厅志》记载，"玉环横亘海中，岛屿交错，陆则山围岭沓，水则海绕沙萦"。玉环的自然环境特色是山与海，然而山海兼利的背后有着令人辛酸的历史。

玉环港湾罗列，岛上多山，可耕地极少，今天给人幸福生活的大部分平原，在古代都淹没在大海之下，或者只是退潮出露、涨潮淹没的近海滩涂。百姓为果腹而不畏艰辛、前仆后继地修筑海塘，围海造田造地，使浩瀚无垠的大海慢慢变成了人们可以耕种和居住的平原。

市内的先民大多是明朝万历以后潮汕、闽南的渔民，或玉环厅设立后从周边邻县迁移而来，大海赋予了他们敢为人先、开拓奋进的优秀品质，他们在这片贫瘠的荆榛大地上辛勤耕作，以船为犁，耕海为生，围垦出万顷良田，抓住历史赋予的一个个契机，书写着城市的奋进史。

> 充电站
>
> **不可移动文物与可移动文物**
>
> 按照不同存续方式，文物分为不可移动文物和可移动文物。可移动文物指馆藏文物（可收藏文物），即历史上各时代的重要实物、艺术品、文献资料等。不可移动文物指古建筑物、聚落、考古遗址等。

"文物俄迁谢，英灵有盛衰。"文物是老祖宗留给我们的宝贵遗产，是历史文化传承的载体，对维系民族精神和推进社会主义精神文明建设具有重要作用。习近平总书记强调，文物是不可再生的珍贵资源，属于我们也属于子孙后代；要"让文物说话、把历史智慧告诉人们"。

我们的研学之旅将带领大家学习玉环典型的不可移动文物。不可移动文物主要分为古遗址、古墓葬、古建筑、石窟寺、石刻和近现代重要史迹等。根据它们的历史、艺术、科学价值等，可以将其分别确定为全国重点文物保护单位，省级文物保护单位，市、县级文物保护单位。截至2018年，玉环市文物局已调查登记了600多处不可移动文物信息点，其中国家级文物单位有1处，省级文物保护单位有7处，县级文物保护单位有13处。2018年玉环市不可移动文物分布情况如图1-1所示。

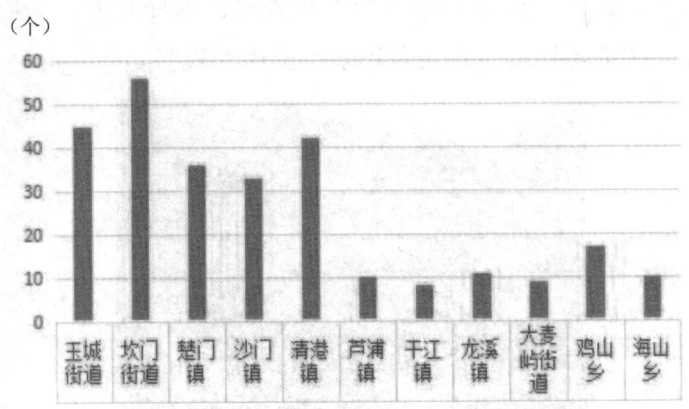

图1-1　2018年玉环市不可移动文物分布情况

思维窗1：根据上图，说说玉环不可移动文物的主要分布特点。

沧桑巨变，玉环已华丽转身，经济社会得到长足发展，成为东南沿海朝气蓬勃的年轻城市。融合着海洋、围垦、移民等多种元素的玉环本土文化烙印着满满的艰辛和血泪。我们要了解家乡的历史，遗存的文物是第一手资料。当我们与先人的墓葬、商周的聚落、北宋的盐场、明清的军事要塞、乡土特色建筑相遇时，会深深感受到海岛特有的文化在当下生产、生活中的印迹。

文物说史

◆古遗址

古遗址是指古代人类活动留下的遗迹。玉环发现各类古遗址多处，主要有：商周时期的三合潭遗址（见图1-2）、法山头烟墩等各地烟墩遗址、元代曾家古城等城寨遗址、前塘垟宋朝盐业遗址、坎门里澳社区砺灰窑址（用于造船业）和大麦屿铁矿渣遗址（倭寇在此冶铁）。三合潭遗址证明玉环历史悠久、源远流长，早在商周时期就有了古代先民的生活足迹。宋朝，制盐产业形成了较大规模，当时的海盐质量上乘，产销两旺。前塘垟宋代盐业遗址的发掘为宋代官方盐场布局、组织形式和工艺技术的探索研究提供了珍贵的实证材料。砺灰窑址反映出玉环岛的造船业和渔业的发展。明清时期，官兵、倭寇和海贼等多股势力在玉环交汇，玉环的海防作用由此凸显，故玉环烟墩、寨城等军事设施遗址较多。

图1-2 三合潭遗址

◆ 古墓葬

古墓葬泛指人类古代采取一定方式对死者进行埋葬的遗迹，包括墓穴、葬具、随葬器和墓地。玉环已发现古墓葬多处。现被评为县级文物保护单位的古墓主要有林正阳墓（见图1-3）、楚门东西村的陈参墓和龙溪镇渡头村的胡瞻塘墓。林正阳是鸦片战争中定海保卫战英勇抗击英国侵略军的将领。据传说胡瞻塘将军是戚继光部将，明嘉靖年间在漩门港外抗击倭寇时战死。陈参墓是玉环市保存较为完整、规模较大的古墓，墓前石马和石羊尚在。从陈参墓的结构和随葬品中，我们可以了解明朝的墓葬文化。

图1-3　林正阳墓

◆ 古建筑

古建筑通常是指清朝（含）以前的建筑物。目前，玉环记录在册的各类古建筑70多处，其中宅第民居10多处、坎门妈祖宫和楚门大山头道院等坛庙祠堂10多处。宅第民居以木材、砖瓦为主要建筑材料。一些四合院的建筑雕饰绘制有花鸟虫鱼、故事人物，精巧美丽。坛庙祠堂与古代社会生活、文化娱乐联系在一起，妈祖宫就是清朝官府发布公文政令的场所；楚门东西村东岙关庙戏台（见图1-4）和城关章十三元帅庙戏台是古代民间信仰与生活娱乐融合的见证，很好地印证了"有村就有庙，有庙就有台"的古语。

图1-4　东岙关庙戏台

◆ **石窟寺及石刻**

石窟寺是指从山崖壁面开凿的古代庙宇。石刻是指在石头上雕刻出各类艺术品，如清朝楚门石狮。目前，玉环已发现石窟寺及石刻类文物10多处。玉环的石窟寺造型古朴。位于芦浦道头村的纪恩诗摩崖题记（见图1-5）是浙江省文物保护单位，石刻内容反映了清朝时期玉环的社会生产状况和行政设置的历史。读上面斑驳陆离的诗句"其民甚愿朴，所食皆自耕，三时亦讨海，耕渔以为生"，我们真切地感受到了家乡过去靠海吃海的生活。

图1-5　纪恩诗摩崖题记

◆**近现代重要史迹及代表性建筑**

近现代重要史迹及代表性建筑，是指近现代的文物。玉环已登记各类近现代重要史迹100多处，包括重要旧址、传统民居、烈士墓及纪念设施、工商建筑、海山潮汐电站和交通设施等。近代的玉环中西文化交汇，革命思潮激荡。20世纪30年代初，玉环各支农民武装编入红十三军第二团，开展革命斗争；40年代，乐清湾海上游击根据地建立，有力打击了国民党在浙东沿海的反动统治。在大青村、鸡山、洋屿等地及广阔的海域里，成百上千名共产党游击队员转战千里，为革命事业做出了贡献。

值得一提的是坎门验潮所（见图1-6），它是玉环的国家级文物保护单位。其选址的科学性在国内罕见，见证了我们对海洋领土版图的保护，也见证了近代中国验潮科学技术的发展历程。

图1-6 坎门验潮所

思维窗2：请在括号中填写以下文物所属的类型。
楚门大山头道院三清殿（　　　）、楚门石狮（　　　）、胡瞻塘墓（　　　）、法山头烟墩（　　　）、海山潮汐电站（　　　）。

文物保护

由于人们对历史文化遗产的价值认识不够，保护意识淡薄，玉环市的文化遗产曾遭受自然和人为因素的双重损害。在城市现代化建设进程中，粗放式的开发方式损坏着文化遗产及其周边环境。从现在的角度来看，古民居的违章搭建现象严重，一些现代砖混结构小楼房穿插其间，这使历史文化遗产湮没在现代文明之中。不可移动文物的保护工作任重而道远。目前，玉环市从文物修缮、文物宣传、城乡规划、文管队伍建设四个方面着手，来开展不可移动文物的保护工作。

◆不可移动文物的修缮工作

玉环市政府结合海景村落和美丽乡村建设的方案和思路，每年安排专项经费用于文化遗产保护和修缮。截至目前，政府已经完成对坎门验潮所、尖山吴氏碉楼、陈凤祥碉楼、纪恩诗摩崖石刻等文物的修缮和环境整治。

◆建设博物馆和"博物馆日"宣传活动

目前，一座充满现代感和艺术气息的玉环市博物馆在新城滨湖南区拔地而起。博物馆展厅体现本土文化和民俗特色，建成后将成为市民休闲充电的好去处。另外，玉环市文物主管部门每年举办"博物馆日和文化遗产日"展览活动，加强对文物知识的宣传，提升市民的文物保护意识。玉环市博物馆规划如图1-7所示。

图1-7 玉环市博物馆规划

◆城乡规划保存历史文化遗产风貌

玉环市相关部门曾编制完成《玉环县古建筑（古迹）及历史文化街区保护规划》等文件。拆除部分有碍文物原貌的违章建筑，规划老街区、古村落为旅游景点。东沙渔村石屋依山而建、层层叠叠，素有"海上布达拉宫"的美称，2012年，东沙渔村成为浙江省第一批历史文化村落保护利用重点村。

◆ **基层文化保护队伍建设**

玉环市文物主管部门加强制度建设和管理培训，设立文物保护管理员和文物保护志愿者，努力打造一支专业文物保护管理队伍。玉环市还实施"文化名家造就"工程，发掘优秀的民间文艺人才。这不仅让玉环市基层文化人才有了发挥的平台，还提升了基层文化队伍的业务素质。

>
> 思维窗3：关于不可移动文物保护与开发的看法。
> 　　甲同学："文物古迹是笔宝贵财富。应该把文物进行现代化包装，开发成旅游资源。"
> 　　乙同学："对不可移动文物进行修缮、保养、迁移，必须遵守不改变文物原状的原则。"
> 　　你赞同哪位同学的观点？请你为玉环市不可移动文物的保护与利用出谋划策。（可据某一文物点为例加以说明）。

文物研学

中小学生研学旅行是由教育部门和学校有计划地组织安排，通过集体旅行方式开展的研究性学习和旅行体验相结合的校外教育活动。文物研学课程是我市教育局教研室与陈丹名师工作室联合开发的，以玉环市本地不可移动文物为载体，涉及地理、历史、语文、科学等多学科知识，融考查、调查、访问、记录、体验、撰写等活动方式为一体，面向初中学生的校外研学旅行课。

文物研学课程采取自主、合作和探究等学习方式，同学们在老师的指导下，自行确定或选择研学的主题，这是文物研学的关键，只有确定了主题，一系列的活动方案才会有收效。在具体实践中，同学们可以参考每课的"工具箱"来确定研学主题，并结合历史与社会的社会调查进行详细的策划。

```
                        工具箱
  1. 研学景点：
  2. 研学主题：  ◆ _____
                ◆ _____
                ◆ _____
```

　　研学活动结束后，同学们要及时整理和总结，可以撰写关于文物的小论文，制作纪念手工艺品，举办文物宣传展览、成果汇报会等。以兴趣为导向、以乡土文物为载体的文物研学课程将进一步培养同学们收集和处理信息、分析和解决问题、团队策划与协作的能力。愿同学们在深入探究家乡自然环境的变迁和社会生活的发展中，能够激发对家乡的热爱，收获感动！

石刻、墓葬

第二课　摩崖石刻上的玉环前生

家乡都有着"前生今世"，同学们了解我们玉环的历史吗？芦浦道头村的一块摩崖石刻就生动记录了清朝时玉环厅的行政建置由来及当时的风土人情，它是了解家乡"前生"的宝贵资料。而"今世"的生产和生活状况，在诗中也可以找到历史的印记。

文物概览

"纪恩诗摩崖题记"是浙江省文物保护单位。题记作者是玉环厅同知徐荣[1]（赐进士出身[2]）。题记内容是一首五言长诗，宽约3米，高约2米，面积约6平方米，刻于清朝道光二十六年（1846年）十二月，刻工细腻，字体匀称有力，遗迹存于芦浦道头村的寿星山东坡崖。

"纪恩诗"意为纪念皇帝的皇恩浩荡。徐荣是当时玉环的地方行政长官，途经芦浦古道，感怀民风淳朴，治世艰辛，回首升任玉环厅同知时受道光皇帝召见的情景，心潮澎湃，写成"纪恩诗"。"纪恩诗"有大段渲染皇恩浩荡的溢美之词，但主要内容反映了玉环建设厅治的历史，并记录了清朝时玉环的地理环境、人们的生产和生活方式，是研究清朝玉环的地理风貌和人民生活习俗的宝贵资料。

1　徐荣：生于广东军中，属驻防汉军。道光二十五年（1845年）升任温台玉环厅同知，为政较清明，对玉环经济、文化发展起了一定的推动作用。
2　赐进士出身：明清时对科举功名的称呼。明清时举人经礼部的会试后成为进士，但此时的进士实际是进士候选人，只有经过殿试后才是真正的进士。进士分为三榜，第一榜为赐进士及第，分别是状元、榜眼、探花；第二榜是赐进士出身；第三榜为赐同进士出身。

> **充电站**
>
> **深浦古道**
>
> 芦浦的深浦古道是古时玉环岛上的一条陆路交通要道。深浦设有渡口，人们坐船过漩门港出入该岛。徐荣任玉环厅同知，在这条古道上多次留下足迹，也留下了这首令人无限感怀的五言诗。

"纪恩诗摩崖题记"在1981年被公布为玉环县文物保护单位，2011年被公布为浙江省文物保护单位。

阅读卡

> **训纪一篇**
>
> 道光岁乙巳，秋八月丙辰。浙江玉环厅，直隶同知臣。徐荣奉召见，稽首今圣人。垂问年与籍，次问所出身。又问玉环地，及此环山民。
>
> 臣再稽首对，地处温台滨。雍正五年前，弃之于荆榛。臣卫臣坦熊，堕复招徕勤。厥里七百余，廿二都以分。海山各星列，巨浸青鳞岣。东至日所出，实通日本津。设饷捕同知，训导巡检并。移乐大磐兵，为水陆两营。为温台篱藩，而海警以清。其民甚愿朴，所食皆自耕。三时亦讨海，耕渔以为生。食乃薯之丝，人丝而畜茎。
>
> 帝曰俞嗟哉，念我民苦贫。汝往教之俭，忠孝让与勤。未能使无讼，理解平其情。剪别首强暴，毋俾扰我珉。念哉万赤子，永以享太平。
>
> 臣再稽首谢，圣训详谆谆。皇极锡五福，一语穷檐春。峨峨玉环山，玉环海壑沦。山海有穷极，圣泽垂无垠。大书摩之崖，道路千秋遵。
>
> 资料来源：陈钟钧.同知徐荣与玉环的三处石刻遗迹[J].台州史志，2021（1）：41-50.

文物说史

◆弃之于荆榛

"雍正五年前，弃之于荆榛"这句诗记录了玉环的一段血泪史。玉环在明清时曾经两次被废弃而大规模迁徙。玉环地处东海之滨，海上交通便利，是温州、台州两地的屏障。岛上为丘陵山地环绕，百姓因此俗称环山民。清朝雍正五年（1727年）前，玉环没有建立过县一级行政区划，只是隶属温州府乐清县的玉环乡。明朝洪武二十年（1387年），东南沿海海匪、倭寇侵扰不断，朝廷命令沿海居民迁徙内地（楚门由于建立千户所军事机构，并没有列入迁徙之列）。此后玉环岛上人烟绝迹，瘴疠遍野，野兽出没，一片废墟。清初，由于南明政权[1]的存在及郑成功的抗清运动，清政府下达"禁海令"。顺治十八年（1661年），朝廷下达了严厉的"迁海令"，从山东到广东沿海所有居民都要内迁，并在距离海岸线三十里的地方筑起墙界，界外的房屋都要付之一炬，居民都迁移界里。玉环首当其冲，楚门也未能幸免。界内房屋较少，人们流离失所，惨不忍睹。玉环成为榛棘纵横的荒芜之地。

◆ 玉环的复兴

雍正四年（1726年），浙江巡抚李卫上书奏请重建玉环。第二年，清政府同意玉环设立玉环厅。雍正六年（1728年）玉环厅建立，有招募军队和设立巡检司等特权。玉环当时辖地七百余里，设水陆军队两营，以肃清东南盗匪之患。岛上百姓民风淳朴，生活艰辛，讨海和农耕是主要的生产方式，生活资料以蕃薯为主。

张坦熊为玉环厅第一任同知，他对玉环的开发和建设做出了巨大贡献。任职期间，他躬行勘察，悉心治理，得到了玉环人民的称赞。他建设玉环厅城，辅以炮台、水门，训练保甲团练，水陆严守，充分发挥玉环海防的重要性，一时盗匪敛迹。他向乐清、太平、盘石、平阳、永嘉等地招募大量良民，奖励农耕，开垦新田。他兴修水利，疏浚河道，加强海防。雍正八年（1730年），楚门南塘毁坏，海水淹没屯田，张坦熊主持督修，筑成五里长堤使楚门万顷滩涂变为沃野。张坦熊还发展鱼盐特产，广开生产门路，其中煎盐由官府经营，使海盐生产得到进一步发展。

张坦熊在玉环任职期间政绩显著，玉环的社会经济初步复兴了，张坦熊堪称"玉环开山祖师"。

---

[1] 南明政权：南明是明朝京师顺天府失陷后，由明朝宗室在南方建立的若干政权，包括弘光政权、鲁王监国、隆武政权、绍武政权、永历政权及明郑时期。

阅读卡

玉环厅及同知

雍正六年（1728年），玉环厅设立。厅衙建在今城关中青山南麓，并建筑城墙。玉环厅军政合一，辖地包括玉环、洞头全境，乐清县的大荆、芙蓉、蒲岐、盘石和瓯海县的灵昆等地。这是玉环建制的开始。

玉环厅的最高长官是同知，为清朝正五品官员，主管军事，监管地方上的钱谷（财政）、刑名（司法）等事务。

◆ **读诗证历史**

同学们大致读懂了这首五言古诗，纷纷围绕"纪恩诗"内容进行了资料收集和小组探究。

第一组同学对"诗"中重要的字、词所涉及的历史知识发表了见解：

玉环厅及同知

"同知"是五品官，相当于今天地级市的市长。从"直隶"可知玉环厅的管辖权比较大，就像地方上的特别行政区。

原来诗中"卫""坦熊"分别是指浙江省巡抚李卫和玉环厅第一任同知张坦熊，他们为我们家乡的建设发展做出了贡献。

我跟父母去过衢州的"廿八都"旅游，可以推断"廿二都"是一种行政区划，相当于今天的镇、乡一级。从"廿二都"可看出那时的管辖范围比今天的县域范围大多了，包括温州和温岭的一部分区域。

我的发现：_____

第二组同学对重要诗句进行了"以诗证史"的史实解读和梳理：

	诗句	蕴含的史实（或史论）
例子	雍正五年前 弃之于荆榛	雍正五年（1727年）以前，明清政府对东南沿海部分地区实行弃海令，玉环老百姓被迫迁往内地，玉环一度成荒芜废墟之地
①	移乐大磐兵，为水陆两营；为温台篱藩，而海警以清	
②	三时亦讨海，耕渔以为生	
③	食乃薯之丝，人丝而畜茎	

思维窗：以诗证史，请你仿照例子来说说诗句中读到的史实或史论。

文物保护

纪恩诗摩崖题记的文物价值较早就被人们所重视。后人（刻人不详）于1921年以"圣训诗"为题，将《纪恩诗》的内容翻刻于今玉城街道西山村牛脊岭山路旁的块石上，因块石形似牛背，人称"牛脊石"。"牛脊石"内容与《纪恩诗》内容几乎相同，只是个别文字有差异。"圣训诗"石刻（见图2-1）于2004年1月被公布为县级文物保护单位，2017年1月被公布为省级文物保护单位。

图2-1 "圣训诗"石刻

石刻文物的保护存在资金需求大、科学技术要求高等突出难点，这给石刻文物的保护带来了困难。如纪恩诗摩崖石刻在寿星山东坡崖体，裸露于自然，面临风化和雨水冲刷等文物损坏危险，诗中个别字迹已模糊，并有局部字体处于近乎消失状态。这引起了玉环市政府和有关部门的高度重视，2017年，玉环市文物管理部门聘请专业团队对摩崖石刻进行了养护：一是采用专业技术对摩崖石刻进行整体清洗，去除污垢等；二是在崖壁文物上方挖了两条小水沟，对冲刷下来的雨水进行分流，避免损坏摩崖石刻。

文物研学

```
                        工具箱
1. 研学景点：纪恩诗摩崖题记、深埔古道（路廊等）、漩门大坝
2. 研学主题：◆重走古道，看今昔变化
            ◆玉环厅得以建立的条件
            ◆玉环方言众多的原因
            ◆_____
            ◆_____
```

第三课　从陈参墓看明朝墓葬文化

独特的墓葬文化是中华文明重要的一部分。通过墓葬，了解墓主人的生平事迹，感受其生活时期的社会环境，体会当时的文化艺术。因而，古墓是珍贵的文物史料，需要我们加以保护。今天就让我们通过陈参墓（见图3-1）走近明朝，去感受明朝的墓葬文化。

图3-1　陈参墓

文物概览

陈参墓位于浙江省玉环市楚门镇东西村金字山麓。这座建于明万历十九年（1591年）的墓地，是玉环市保护较完整的古墓。古墓坐北朝南，呈扇形，占地面积238平方米，2005年经过维修基本保持原貌。

墓碑虽裂，但字迹清晰可见。底部墓地上有整石雕刻而成的石马、石羊各一对，至今完整无缺。它们造型古朴，神态生动，比例适当，刻工精美，细部雕刻线条粗犷，显示了古代工匠精湛的雕刻技巧和独特的艺术风格，是古代劳动人民智慧的结晶，具有一定的历史、艺术、科学考证价值，是研究明朝石雕艺术不可多得的实物资料。

> **充电站**
> 古代墓葬组成
> 地上：石像生、牌坊、墓碑、神道等。
> 地下：墓室、随葬品、棺椁等。

文物说史

◆ 墓碑文识，陈参家族

陈参墓的墓碑（见图3-2）正面中央镌有"皇明赠奉政大夫吏部郎中竹轩陈公之墓"，右面镌有"孙刑部侍郎穆颖州司训秉建"，左面镌刻"万历辛卯春清明吉旦"。通过墓碑，我们一般可以知道墓主人的姓名、生卒时间、生平概况等信息。

"皇明"是明朝人对本朝的尊称。"赠"，追赠，赐死者以官爵或荣誉称号。"奉政大夫"，明朝文散官名。"吏部郎中""刑部侍郎""司训"，都是中国古代官名。"穆"，陈穆；"秉"，陈秉，均为人名。"万历辛卯"为1591年。该墓是以陈参孙子陈穆（陈穆又因其孙陈璋官居刑部侍郎而封荫刑部侍郎）和陈秉（颖州司训）名义修建于1591年。

图3-2 陈参墓墓碑

墓主人陈参（生卒年不详），乐清县玉环乡竹冈（今楚门镇东西村）人，育有四子陈钝、陈恪、陈适、陈晋。景泰元年（1450年），明代宗朱祁钰因陈钝任行人司右司副，赠陈参为征仕郎、行人司右司副。景泰五年（1454年），因陈钝任吏部稽勋清吏司郎中，加赠陈参为奉政大夫吏部稽勋清吏司郎中。

陈钝，字斯钝，号寿斋。陈钝出身书香门第，家风崇尚儒学，加上聪颖好学，少时即以才学闻于乡。明正统元年（1436年）中进士，步入仕途后，曾出使朝鲜和日本等国，是明朝一位杰出的外交家。有一次，奉命出访朝鲜，朝鲜世子亲赠重礼，陈钝丝毫不受，再进再却，并赋诗一首表明心迹，其中有"天使非关贿赂来"之句。

陈璋，陈参的玄孙。弘治十八年（1505年）考中进士，是名正直的士大夫。在刑部任职时，重视研究法理，废寝忘食，法律有疑难之处，亲自为之注解，时人称之为法家，名噪京城。他说"士不读书谓之废学，官不读律谓之旷官"。后官至刑部左侍郎，有一上司因非法杖死属下小吏，被捕入狱，说情者求予宽免，陈璋说："杀人抵罪，官与民一也！"乃忠于职守，依法办案。他自知忤逆了当政者，不久辞官回乡。他一生为官清廉，不阿权贵，秉公办案。

陈参生卒年不详，但根据墓碑上的文字，可推断出此墓碑（或墓）是陈参后代修建，修建时间约在陈参亡后150年。

陈参墓的文物保护标志如图3-3所示。

第三课　从陈参墓看明朝墓葬文化

图 3-3　陈参墓的文物保护标志

思维窗1：1.请完整地解说陈参墓的碑文。
　　　　　2.介绍陈参墓的特色。你还知道哪些知名古墓？

◆石像生见礼仪文化

陈参墓前有石马（见图 3-4）、石羊（见图 3-5）各一对。石马高约 1.3 米、身长约 1.6 米，下有长方形底座。四腿略呈柱状，尾长面粗，背负锦鞍，雌雄可辨，机警地立着，形象生动，简直像真马一样。石羊高约 75 厘米、身长约 90 厘米，接近于真羊的大小。这是一对绵羊，两个犄角像螺丝形下卷，前肢跪，后肢伏，十分美观，给人一种温顺、被驯服的感觉。

图 3-4 陈参墓前石马

图 3-5 陈参墓前石羊

> **充电站**
>
> **石马和石羊**
>
> 马性情温顺,是古代主要的交通工具,并象征仁义。羊象征吉祥,寓意忠孝。石马和石羊,是明朝墓地上的重要石刻。

明朝石刻种类相对固定，要求符合礼仪和墓葬形制。官员墓前的石像生基本组合为石羊、石马和石望柱。官阶越高，种类越多。据《明会典》记载，一品、二品官员坟茔使用石人2个（一文一武），虎、羊、马、望柱各2个，三品、四品官员无石人，五品官员无石虎，六品官员以下不允许使用石像生。不仅如此，官阶不同，墓前的石像生的高度和动物的姿势也不相同，大致是官阶越高，石像生也越高大。

 思维窗2：1. 同一朝代的石马、石羊会一样吗？为什么？
2. 官阶不同，石像生会有何不同呢？

 阅读卡

石马的由来和演变

古人视马为"甲兵之本，国之大用"。远在商周时代，就以真马为死者陪葬，后来再以马俑代之，如秦始皇陵的马俑。东汉时，随着陵墓置石刻之风的流行，墓前置石马者也多起来。唐朝帝陵除唐高祖献陵外，均置石马，象征朝廷仪仗队伍中的仗马。唐陵神道设置仗马之制，为宋、明、清诸帝陵所沿袭，但历代帝陵石刻中的仗马数量、马饰等则有所不同。唐乾陵石马如图3-6所示。

图3-6　唐乾陵石马

明朝石刻艺术承袭唐宋风范，又具有自身的特点。世俗化、民间化即是其特点之一，这与明朝繁荣的市民文化密不可分。世俗化导致了大型雕塑的退化，但同时带来小型雕塑的兴盛。明朝的动物石像不但四肢较短且无力，而且神情呆滞，呆若木鸡。明孝陵石马如图3-7所示。

图 3-7　明孝陵石马

 思维窗 3：同为帝陵的石马，为什么明朝石马和唐朝石马不同？

文物保护

　　1981 年 7 月，陈参墓被公布为县级文物保护单位。陈参官职为奉政大夫吏部稽勋、清吏司郎中，正五品，按明制墓葬规格，应有石碑，用于撰写墓志铭，且应有石羊、石马、望柱。但实地考察仅发现石羊和石马，望柱与原先的石碑均未发现。据推测，石碑和望柱由于人为原因已遭损坏并遗失。

文物研学

工具箱
1. **研学景点**：陈参墓、竹冈历史文化陈列室
2. **研学主题**：◆ 从陈参的追赠看明朝官制
◆ 明朝的石刻艺术特点及成因
◆ _____
◆ _____
◆ _____

第四课　抗英英雄林正阳的长眠之所

在陈屿福山桥头村后山，有一座历经了140余年风雨沧桑的古墓——林正阳墓（见图4-1），墓区的墓碑、石狮、石鼓等形式无不彰显着墓主人生前的荣耀。墓主人大约在40岁那一年，他与整个国家都面临前所未有的威胁。林正阳是谁？他的一生经历了什么？今天，我们走近这位英雄人物，了解他的一生与那个时代跌宕起伏的故事。

图 4-1　林正阳墓

文物概览

古墓坐北朝南，呈扇形，由墓室、墓坛、拜坛三部分组成，墓葬形制为椅子坟，长约6米，最阔处达4.5米，占地面积约40平方米。

墓穴左右各立一座石狮（见图4-2），石狮身高约1.1米，雄狮足踩绣球，雌狮怀揣幼狮，两狮双目圆瞪，姿态俊逸神态威武，雕于清咸丰年间，具有较高的石雕艺术价值。墓区还有形若石鼓的构造和纸库等，墓前拜坛边缘做有栏杆。墓葬正中有一块石碑，高约80厘米、宽约50厘米，墓碑碑文经历风风雨雨，但仍可清晰地辨识。

图4-2 林正阳墓前的石狮

阅读卡

椅子坟

椅子坟是浙江南部坟墓样式，由于形状同椅相似，被称为椅子坟。椅子坟通常一头高一头低，依山而建，不立碑，墓主信息刻于正中石板上。后辈葬于先祖坟墓下方，一代代形成一个如同楼梯般的长墓。

1858年，清朝武显将军、黄岩镇总兵林正阳因积劳成疾病故，享年58岁，归葬于玉环。这座墓葬是林正阳与其元配夫人张氏的合葬墓。林正阳画像如图4-3所示。

图 4-3 林正阳画像

文物说史

◆早年生平

林正阳（？—1858年），字振运，号昼堂，玉环西青街人（今属玉城街道）。雍正五年（1727年），浙江巡抚李卫奏请获准命第一任玉环厅同知张坦熊招徕邻近太平、乐清、平阳、永嘉、瑞安五县的良民到玉环，林正阳的先祖便在此时迁入玉环。

据说林正阳刚出生时，正值古历五月初五午时，太阳正中，故取名正阳。林正阳幼年时臂力不凡，喜欢骑马射箭。长大以后，喜读《周礼》《礼记》《论语》，以及兵书，表现出一定的军事才能。

阅读卡

绿营

顺治初年，清朝在统一全国过程中将投降、收编的汉族军队，以绿旗为标志组建成营，因此称为绿营。到了嘉庆、道光年间，全国绿营兵总数为60多万人，但由于久享太平，绿营军队、军政废弛，战斗力涣散。

提督统领一省绿营，各省兵力数量由万余人到六七万人不等。提督之下为总兵，兵力从千人至两三千人不等；再下面的是副将，管理的兵力数千人左右；副将以下就是参将、游击、都司、守备，所统辖的称为营，兵员数量各有不同；在最下面的为千总与把总，负责统领一个驻地，士兵由十数名到上百名都有。

因为家境贫寒，成年后的林正阳跟随家人以贩卖鱼鲜为生。不久，林正阳投身行伍，先后担任定海镇清兵绿营标中营把总、昌石营千总等职务。道光十四年（1834年）十月十九日，因为林正阳的军功，清王朝追封其祖父林国滨和父亲林廷鑑为武信骑尉（七品），祖母叶氏和母亲金氏为孺人。第二年十月初十，朝廷又封其祖父及父亲为武略骑尉（六品），祖母及母亲为安人。

1841年中英鸦片战争期间，林正阳代理定海营守备。此时的林正阳还没有意识到，自己和整个国家都将面临来自大洋彼岸的威胁。

◆定海之战

1840年7月5日，这是历史上平常的一天，但也是不寻常的一天。

这一天，道光帝按照惯例向皇太后问安，然后处理了几件日常的公文。在道光皇帝看来，这一天是平常的一天，与过去并没有什么不同。但是，远在北京数千里之外的浙江定海（今属舟山市），却已笼罩在一片浓浓的硝烟之中。

阅读卡

定海

浙江省定海，即今舟山市，位于杭州湾东，临近长江三角洲。五代十国时期，吴越王钱镠以地滨海口，有鱼盐之利，在这里设置望海县。明朝初年，明王朝曾在这里设置卫所，是明朝东南海防要塞。

在《英使谒见乾隆纪实》中斯当东这样描述定海："在欧洲的城市中，定海非常近似威尼斯，不过较小一点。城外运河环绕，城内沟渠纵横。架在这些河道上的桥梁很陡，桥面上下俱用台阶，好似利阿尔图。"

斯当东把当时的定海比作"东方维尼斯"，把定海的石桥与意大利威尼斯城内有名的桥梁相比，这在一定程度上反映了当时定海的繁荣景象。

思维窗1：结合相关资料，说说英国军队为什么要占领定海。

康熙年间，清廷为防御海盗和海上的反清势力，曾经在此设置定海镇总兵，下辖中、左、右三营，分散驻扎在定海各个岛屿。另外，定海镇总兵还兼辖象山协、石浦水师营、镇海水师营，防区北接江苏苏淞镇、南接浙江黄岩镇。

负责定海防御的兵力共有2500余人，配有各类船只约80艘，陆上约有各式大炮114门。

1840年6月30日，正在巡逻的定海清军士兵发现了英国军舰出现在舟山群岛的南端——南韭山岛，并立即回报。定海镇总兵张朝发下令集结部队，亲率船队出洋。7月1日，他看见英国军队顺风而行，自忖不敌，便折帆返回，并向上级报告。

1840年7月4日，英国远征军海军司令派人送来了最后通牒，要求定海军民投降。大敌当前，定海镇总兵张朝发认为应该组织水陆士兵迎战，定海知县姚怀祥则主张坚守县城。

1840年7月5日下午2时左右，英国军队发动进攻，鸦片战争在定海爆发，清朝军队立即开炮还击。但由于双方火炮性能、射程及弹药质量迥异，在英军连续炮击之后，清朝军队丧失还击能力。定海水师总兵张朝发中弹落水（后不治身亡）。次日凌晨，英军占领定海县城，知县姚怀祥殉难。

阅读卡

> **伊里布**
>
> 　　伊里布，字莘农，满洲镶黄旗人，签署《南京条约》的中方代表之一，当官时以清廉闻名，并且有较多的政绩。
>
> 　　1843年伊里布忧悸而死，谥号文敏。

　　由于缺少史料，今天的我们不知道林正阳有没有参与这场战斗。据推测，当时林正阳很可能驻防在别处，并未参与这场战斗，但是他的袍泽在这场战争中或溃逃、或阵亡、或自尽、或流放，中英两国军备、战力的差距，与他过往所经历的海盗、贼寇有很大的不同，他的内心或许已经充满怒火，准备积极备战，与侵略者一较高下。

　　1840年8月6日，道光皇帝委任伊里布钦差大臣，前往浙江组织军队收复定海。伊里布到任后，葛云飞向他请求招募定海逃卒，允许他们将功赎罪。

　　1841年2月，因伊里布畏缩不前，道光皇帝改派裕谦为钦差大臣接替伊里布。

　　1841年2月25日，英军因瘟疫撤离定海。伊里布派遣浙江处州镇总兵郑国鸿、安徽寿春镇总兵王锡朋、新任定海镇总兵葛云飞率兵前往接收。此时，林正阳作为定海镇总兵葛云飞的部下一齐前往。

　　失而复得的定海县城一片狼藉，沿海一带的防御阵地在前一次战斗中均已损毁。定海县城三面环山，南面临海，因此，林正阳提出在沿海一线修筑土城，进可攻，退可守。这一建议得到了总兵葛云飞的赞同，但由于军费不足，加之事态紧急，林正阳等将官提出"捐俸兴役"，就是要捐出自己的俸禄来修筑土城，在定海军民的共同努力下，不久，土城防御工事修筑完成。

　　除此之外，钦差大臣裕谦从浙江各地先后调集100多门火炮供给定海守军，并且给定海守军新增派2000多名士卒，使定海守军达到5000多人。除此之外，裕谦曾向道光皇帝提出《定海善后事宜十六条》，这是裕谦对于防御定海的构想，但由于英军的到来，这一构想没有付诸实施。

> **阅读卡**
>
> **裕谦**
>
> 裕谦，字鲁山、衣谷，号舒亭，蒙古族镶黄旗人。出身将门世家。为官清廉，体察民生疾苦。
>
> 鸦片战争时，裕谦守卫镇海（与定海隔海相望）。

1841年9月25日，英军共约5000人再度兵临定海，并立即侦查定海的防御情况。英军亚历山大·穆瑞在《在华战役记》中描述：中国人对我们上次占领定海时所实施的工程计划进行了大量的改进。他们造了一个坚实的工事……他们的努力是值得赞扬的，也使我们以前在那儿待过的每个人感到惊奇，因为我们发现他们在7个月里干了许多事情。

1841年10月1日，英军发起总攻。英国舰队炮击土城，土城守军在总兵葛云飞的带领下开炮还击。在双方炮战的同时，一支1000多人的英军部队在晓峰岭以西海岸登陆，并向晓峰岭与竹山发起强攻，驻守晓峰岭的寿春镇总兵王锡朋率部顽强抵抗，不幸阵亡。

驻守竹山的将军士兵在处州镇总兵郑国鸿的统率下，坚持作战，最后也不幸阵亡。英军攻占晓峰岭和竹山后，向东继续进攻土城，土城只能正面御敌，侧面全无防护，定海镇总兵葛云飞力战身亡，林正阳等众多将士英勇奋战、身受重伤。

三总兵壮烈牺牲了，他们坚守着自己的阵地，至死也未撤退一步。在他们的率领下，林正阳等清军将士保持了高昂的士气，英勇作战。三忠祠塑像如图4-4所示。

图 4-4　三忠祠塑像

伤愈之后，林正阳跟随新任定海总兵邓宗凯收复定海厅城，以战功授黄岩镇标右营守备，又调任定海营守备，不久升黄岩镇标中营游击。道光二十五年（1845年）十月十五日，朝廷对林正阳第三次封赠，封其祖父和父亲为武德骑尉（五品），祖母及母亲为宜人。

◎资料1
1. 竹山不守，晓峰焉能自存，武臣效命疆场，份也。　　　　　　——郑国鸿
2. 臣力竭矣……不能为国灭贼，死不足塞责。　　　　　　　　　　——葛云飞

◎资料2
1. 我炮皆能及彼，彼炮不能及我。
2. （英军）击刺步伐俱非所娴，而其腿足裹缠，结束紧密，屈伸皆所不便。
　　　　　　　　　　——裕谦

思维窗2：根据资料1、2，分析清朝将官在第二次定海之战中积极备战和作战，为何仍然会遭受失败？

◆ **晚年履历**

此后，林正阳重返家乡，代理玉环营参将，离玉环后，代理瑞安营副将，升镇海参将。所莅各任，士卒衔恩。咸丰二年（1852年）三月初八，朝廷第四次封赠，封林正阳祖父和本人为武义都尉（三品），祖母、母亲和妻子张氏为淑人。林正阳穿过的铠甲如图4-5所示。

图 4-5　林正阳穿过的铠甲

后来，林正阳又升任乍浦副将。咸丰七年（1857年）代理黄岩总兵，朝廷第五次对其封赠，封林正阳为武显将军（正二品），祖父及父亲为武功将军（从二品），祖母、母亲及妻子为夫人。

次年，林正阳病逝，归葬家乡。此时，清王朝早已满目疮痍，英、法两国发动第二次鸦片战争，农民起义更是此起彼伏。今天的我们无法得知，面对此情此景，林正阳的内心有着怎样的感想。

林正阳有三个儿子。长子林凤歧，担任定海营把总、代千总。同治年间参与筹划环山书院公款，劝捐、督役兴修玉环城墙。光绪四年（1878年）疏浚玉环城河。次子林嘉源，担任玉环右营把总。三子林嘉诩，事迹不详。

中华人民共和国成立后，林正阳的后代曾参加军队，报效国家。爱国、保家卫国，这样的精神信念在这个家族里不断传承。

文物保护

1986年，林正阳墓被列为县级文物保护单位。2004年，林家后裔对林正阳墓围墙、台门等进行扩建。

林正阳当年穿戴的盔甲、箭囊、弓衣和御赐林正阳及其祖父母、父母、妻室亲属的敕命和诰命，均被后人保留、传承。敕命、诰命，每件长180~240厘米，宽30.5~33厘米，为彩色绫所制，首尾织有双龙纹图案，开端织有"奉天敕命"或"奉天诰命"四个篆体字，并有汉文、满文两种文字。这些均为国家重要文物，现藏于温州市博物馆。

文物研学

```
                        工具箱
1. 研学景点：福山桥头村林正阳墓地、烟墩山战壕、烟墩山炮台
2. 研学主题：◆从林正阳身上感受爱国主义精神
            ◆从定海之战看中英双方战斗力差异
            ◆_____
            ◆_____
            ◆_____
```

聚落遗址

第五课　三合潭遗址的先民足迹

　　古遗址的发掘是人类了解历史的一个重要途径。三合潭遗址（见图5-1）是玉环市迄今为止发现最早的人类活动遗迹，被推断为西周至战国时期具有越文化特征的古村落遗址，是台州地区唯一的一处"多层文化"大型遗址。让我们一起揭开它神秘的面纱，认识文物，探寻原始先民生产和生活的足迹。

图5-1　三合潭遗址

文物概览

三合潭遗址位于浙江省玉环市玉城街道西山村，大致处于玉环岛的中部。该地北、西、南三面环山，东面朝海，由兰花溪、大福溪、龙潭溪三条溪水汇流冲击形成平原。20世纪80年代初，当地村民在开发地下沙石资源时挖出许多石器、陶片和一些小件铜器。在初步辨认这些物件的基础上，初步推定这里是保存较好的商周时期的古文化遗址。2001年5月，浙江省考古学家和玉环县文物工作者对三合潭遗址进行了发掘，发掘面积约450平方米，出土了大量的原始青瓷片、印纹陶片及碗、罐、尊和网坠等完整器物。三合潭遗址为后人研究我国东南沿海岛屿的古代文明提供了难得的实物资料。

> 思维窗1：玉环先民为何选择在此聚居生活？

同其他滨海文化遗址相比，三合潭遗址有三大特点。一是面积大。二是文化层厚，为1.3米~2.8米，分为上、中、下三层。上层为宋朝以后堆积，表土层下发现了南宋时期的一座有排水设施的残砖室墓和一口石砌水井；中层为战国堆积，仅出土印纹陶片、原始瓷片；下层为春秋时期堆积，依次清理出大量的木构建筑遗迹、卵石块铺就的斜向小路和小范围里探挖出的密集小木桩(少量为竹子)遗迹。三是内涵丰富，出土的文物品种包括人类生产工具、生活用具、兵器和祭器等。因此，该遗址是台州地区唯一的一处"多层文化"大型遗址。

文物说史

◆先民的生产、生活用具

遗物包括20世纪80年代初采集的和2001年发掘出土的，均非常丰富。20世纪80年代初采集的磨制石器较多，有锛[1]、凿、斧、犁、镞和钺[2]等。三合潭先民艰难

1　锛：削木头的用具。
2　钺：一种古代兵器，多用于仪卫，象征权力。

而顽强地用石头制作出简单的工具,展示了他们的勤劳和智慧。2001年发掘出土的文物以印纹陶片和原始青瓷片为主,且原始青瓷片在下层占比特别高,约占80%,它们一起构成三合潭遗址的遗存主体。其中较完整的器物有近百件,类型有罐、盂[1]、碗、尊[2]、盆、杯、盅式碗、三足盘、鼎、豆[3]和支座等,形形色色,千姿百态,还有一件原始瓷小狗(见图5-2),采集品中还有纺轮和网坠。这些器物的纹样有方格纹、方格填线纹、米筛纹、折线纹、回字纹、麻布纹、变形云雷纹和绳纹等,纹饰多样,构图精细,综合体现了三合潭先民的审美倾向。除陶器外,出土的青铜器10余件,类型有矛、刀、镰和渔钩等,另有一件鼎的方耳;采集品中还有锸[4]、铲、斤[5]、耨[6]、凿、斧、钻、剑、镞[7]、镖等多种青铜器,三合潭先民将珍贵的青铜器普遍用于制作农具和渔具,少量用于兵器。此外,出土了残木器和砺石。

石犁铧如图5-3所示,铜鱼钩如图5-4所示。着黑陶杯如图5-5所示,铜剑如图5-6所示,铜钻如图5-7所示。

▽属商周时期,头尾长约7厘米,高约4.5厘米,捏塑而成,虽然制作工艺略粗糙,但憨态可掬,神气十足

▽三件一组的石犁铧在国内尚属首次发现,每件均呈片状,厚约2厘米,通体精磨,中间为犁头,用来破土,两侧为犁壁,将松起的土向两侧翻卷

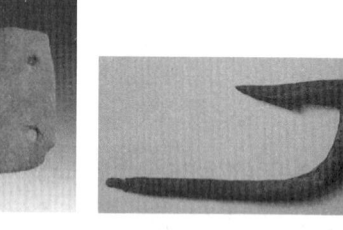

▽由一根锻打铜条折成钩状,最长处6.7厘米,钩尖锋利,上方有一倒刺

图5-2 原始瓷小狗　　图5-3 石犁铧　　图5-4 铜鱼钩

1　盂:盛液体的敞口器具。
2　尊:一种酒器。
3　豆:古代盛肉或其他食品的器皿。
4　锸:一种掘土用具。
5　斤:古时砍伐树木的工具,比斧小。
6　耨:古代除草农具。
7　镞:一种远射武器。

第五课　三合潭遗址的先民足迹

▽陶制盛器，一般用于盛酒，圆腹，敞口，始于新石器时代

▽属东周时期，始于商代，武器，用于礼仪、祭祀，或象征身份

▽手工工具，用于打孔，通长约4.3厘米

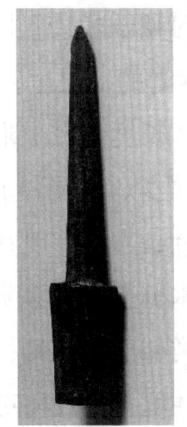

图5-5　着黑陶杯　　　图5-6　铜剑　　　图5-7　铜钻

思维窗2：
1. 你能否用多种方式对上述文物进行分类？
2. 文物可以在一定程度上反映当时人们的生产、生活状况。你能从这些文物中得到哪些信息？
3. 根据本书内容，请你对玉环先民的生产、生活状况进行合理想象。

阅读卡

鱼鳔、陶网坠和有段石凿

鱼鳔、陶网坠和鱼钩同属于海洋狩猎工具。

有段石凿与一般石凿不同之处在于有段石凿背面中间隆起有台阶，将背面分成前后两部分，前部厚，后部薄。据专家研究，此件器物较修长，一般达22厘米，应是为木制船只修造的专用工具。对生活在海岛的先民来说，船只是交通、狩猎必不可少的工具，船只修造的专用工具的出现，与当时的生存环境是相吻合的。陶网坠如图5-8所示，青铜鱼鳔如图5-9所示，有段石凿如图5-10所示。

图5-8　陶网坠

图5-9　青铜鱼鳔

图5-10　有段石凿

39

◆先民的建筑特色

在2001年对三合潭遗址的发掘中，发现了比较典型、清晰和完整的商周时期干栏式木构建筑的村落遗址。成片的木构建筑遗迹发现于距地表约1.5米的地层里，以密集的木桩为主要形式。共发现直立的大小木桩百余根，长度多在1米左右。建筑遗迹分为南北两大部分，北片地势高，木桩数量少，布局结构不清楚；南片地势低，木桩分布非常密集，木桩多数粗壮，直径一般在20厘米，最大达80厘米，木桩多在又深又大的柱坑里，木桩下方有厚实的垫板，这足以使我们想象出当时建筑的规模。整个结构类似于傣家楼，底层有护栏，用来堆放杂物，或养牲畜。木构建筑遗址的柱坑、垫板和残柱如图5-11所示。

图 5-11 木构建筑遗址的柱坑、垫板和残柱

三合潭遗址发掘出土的木构建筑遗迹，保存清晰，平面布局基本完整，以挖坑、置垫板和定立柱为基本营建手段，并选择丘陵坡麓冲击沙土带为营建空间，这种方式显然受制于特殊的自然环境条件，整个遗址堆积没有表现出二次堆积的基本特征。它的建筑技术明显继承了河姆渡文化、马家浜文化[1]和良渚文化的部分建筑传统，代表了温润的江南地区特别是沿海

---

1 马家浜文化：中国长江下游地区的新石器时代文化，以浙江省嘉兴市马家浜遗址的发掘而得名。

丘陵环境条件下的建筑文化特色。此类发现在浙江乃至全国的商周考古史上尚属罕见，为研究木构建筑文化传统与地理环境的关系找到了珍贵的资料，同时把祖先开发玉环这一沿海岛屿的历史源头确切地推至近3000年前。

> 思维窗3：结合所学知识，说说玉环先民采用这种建筑特色的原因？

◆ **遗址新认识**

三合潭遗址在发掘以前一直被认为包含新石器时代的文化遗存，但通过正式发掘，并对照所有的调查和采集或出土的文物，可以推测，该遗址无新石器时代文化遗存。从文化面貌上，该遗址表现出石器和青铜器的大量共存。这种文化特征为研究浙江地区史前文化的开拓、发展，及其向青铜文化演变的过程提供了新的视角。

文物保护

早在1971年，三合潭社员就在两米深的土层中先后挖出许多青铜器，包括春秋早期的青铜镞、战国早期的青铜耨和青铜锸等。

20世纪80年代初，大规模的挖沙行为使遗址遭到了破坏，大部分地方失去了发掘意义。1986年，三合潭遗址被公布为县级文物保护单位。2001年正式发掘时，调查小组只能在保护范围内幸存的几处仍保留原始地层的地方，以及保护范围外的山脚缓坡，选择了几处位置，进行挖掘勘探，即后来的三合潭遗址。2005年，三合潭遗址被公布为省级文物保护单位。

2019年3月初，市文物部门在巡查中发现，在遗址保护范围内有私种农作物并且堆放大量生活垃圾的违法行为。市相关部门依据相关法律法规，对违规行为进行介入处理，及时恢复了遗址原貌。

文物研学

工具箱

1. **研学景点**：三合潭遗址、玉环博物馆基地（在建

2. **研学主题**：◆ 从出土文物看先民的生产和生活

　　　　　　　◆ 三合潭文化与自然环境的关系

　　　　　　　◆ 出土文物材质的发展演变

　　　　　　　◆ _____

　　　　　　　◆ _____

第六课　从前塘垾遗址看玉环盐业

盐，百味之首，人们饮食的必需品。盐业是古代重要的官营产业，盐利是政府的重要税收来源。玉环地处海滨，河流源短流促，又无大河入海，海水盐度高，北宋时海盐生产迅速发展，出现了发达的制盐业。盐业是玉环历史上的重要产业之一，让我们走进前塘垾遗址，了解家乡古代社会经济发展状况。

文物概览

前塘垾遗址，又称玉环前塘垾，宋代盐业遗址，位于浙江省玉环市玉城街道前塘垾村蛇山西麓。它是2018年度浙江考古的重要发现（见图6-1）。

图 6-1　前塘垾遗址入选2018年度浙江考古重要发现

前塘垾遗址在环山小学新校区建设工程施工中被发现。2017年年底，玉环市环山小学新校区择址前塘垾。2018年，学校桩基施工，地表下大量泥土被挖掘上来，当时恰逢暴雨，挖出来的土堆经雨水冲刷后出现了红陶支具和烧土块等古代制盐器具，后经文物部门勘察确定为宋朝制盐遗址。

2018年7月至11月，玉环市对前塘垾遗址进行了历时近4个月的抢救性发掘。前塘垟遗址共清理出盐灶2座、盐卤坑7个、坯料坑1个、石砌盐卤池1座、圆形大灰坑2个、其他灰坑8个、灰沟1条等（见图6-2）。遗址出土文物有制盐器具、瓷器、铜钱、磨盘和砖瓦等。其中制盐器具出土总量逾万件；铜钱共发现6枚，钱文可辨者有5枚，铸造年代集中在北宋中晚期至南宋早期。

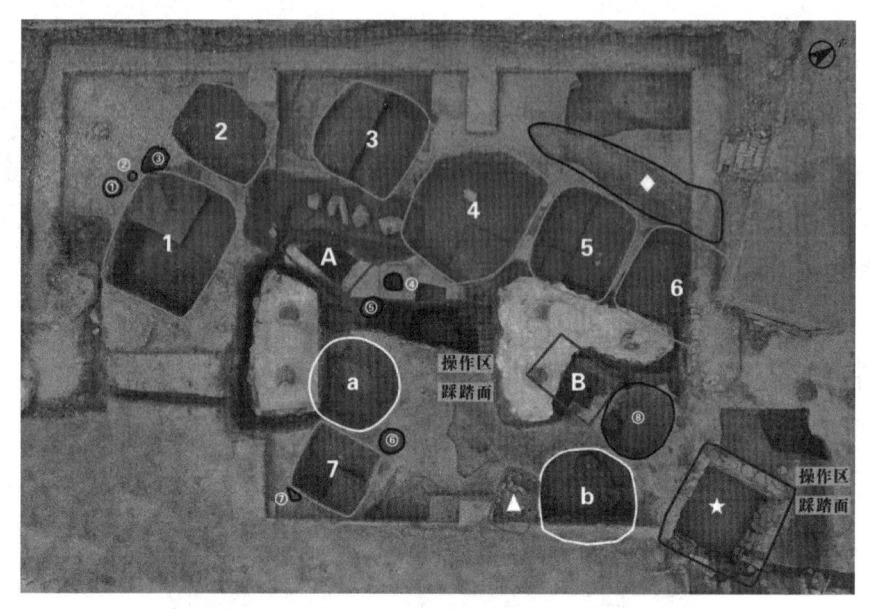

注：1—7：盐卤坑　①—⑧：灰坑　A—B：盐灶　a—b：圆形大灰坑　△：坯料坑　☆：石砌盐卤池　◇灰沟

图6-2　前塘垟遗址航拍

发掘区内为聚煎作坊区。北向为海滨滩涂和古海塘；西向为双庙溪和咸水陡闸，存蓄海水，以供淋煎；东向的山麓出土较多砖瓦瓷片，为盐民聚落生活区；南向有平坦广阔的亚腰形盆地，为芦苇荡地和耕作区；总体来看，盐场布局较为分明，以发掘区为中心，可粗略归纳为"北海—西河—南荡—东居—中作坊"的分布规律。考古专家根据发掘情况对盐场及附近作了复原标注。

前塘垟遗址表明当时盐业生产为集群作业，有统一规划和管理。结合文献记载，它应当属于宋朝天富北监下辖密鹦场的一处较为完整而独立的制盐作坊。从遗址和出土文物看，遗址规模远远大于目前省内的洞头九亩丘盐业遗址和宁波大榭盐业遗址，这是它能入选浙江考古重要发现的主要原因之一。前塘垟遗址的上层盐灶如图6-3所示。

图 6-3　前塘垟遗址的上层盐灶

> 思维窗1：根据所学知识，说一说前塘垟遗址及其附近地形的特点。

文物说史

◆密鹦盐场和天富北监

　　玉环岛位于浙江东南沿海，孤悬于海上，海域广阔。今天我们生活的平原在古代大部分是汪洋大海。玉环自古富渔盐之饶，宋朝时期的玉城前塘垟外面是一片海域，南至坎门、北至楚门一带港湾错综，岛屿罗列，海底平坦，海水盐度高，具有得天独厚的盐业生产条件。玉环岛居民耕海制盐历史悠久，世代以此为生，盐业是贯穿本地经济发展的脊梁。

　　北宋时期，玉环的盐业发展迎来了转折期。978年，北宋政府置两浙路[1]，在玉环境内设密鹦场。密鹦，又作密莺、密杏，属于乐清县玉环乡[2]，即今城关密杏、后蛟、塘垟一带。当时政府在浙江一带设置了杭州、秀州（今嘉兴）、密鹦、永嘉四大盐场。玉环的密鹦场是四大盐场之一，初期归属温州天富南北监管理。

　　当时的盐政改革，由地方政府主持。997年，天富南北监的密鹦和永嘉二场一年卖盐7万余石（每石50斤，见《宋史·食货志》）。1000年，

1　路：北宋设置在地方"州"之上的行政区划。路，不是州的上一级行政机构，职能介乎行政区和监察区的一种区划，分属于转运使（管财赋）、提点刑狱（管司法）、安抚使（管兵政）等机构，下辖提举常平、茶盐、坑冶等司。

2　玉环乡：宋朝玉环隶属温州，为瑞安府乐清县玉环乡。

天富南北监机构改革，天富北监设在玉环，天富南监在温州平阳，密鹦场升格为天富北监场。宋朝对盐业质量有严格的管理和评比制度，政府曾进行原盐评比，天富北监得分最高。从以上可见，宋朝玉环盐业产销两旺，质量上乘，处于一段鼎盛期。

> **充电站**
>
> **监、知监**
>
> 监，盐务官制的称呼。从规模上看，大为监，中为场，小为务。监，往往拥有盐军，如对战争中受伤残疾、立下军功的士兵照顾，优先安排他们进入监。长官称知监，负责盐业生产和运输。天富北监是管理盐场和盐业的政府机构。

◆ "熬波"制盐法

玉环的制盐方法称"熬波"。熬波，即直接煎炼法。遗址发掘的盐卤坑隔梁上有浅浅的豁口，可供淋灌的海水通过。北宋方勺《泊宅编》中记载：盖自岱山及二天富皆取海水炼盐，所谓熬波者也。前塘垟盐业遗址出土了大量红土陶煮盐支具，圆柱状支座近300件，三角形支臂4件，还有较多的灶箅类烧土块和部分靴形支座。这些支座、支臂，都是支撑煮盐大锅所用的器具。当时煮盐的大锅叫"牢盆"，主要由泥土和竹篾制成。遗址内发现了盐灶残壁、大量的黑灰堆积、木灰夹杂的炭泥、红烧土块、瓦砾、瓷片等，这些都说明了人们用柴火煮盐，直接煎海水制盐。部分煮盐支具如图6-4所示。

▷ 上层陶支座

▷ 下层陶支脚

◁ 靴形陶支座

▷ 上层支臂

图6-4 部分煮盐支具

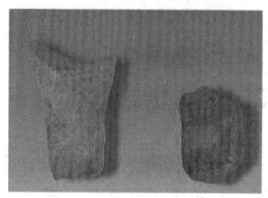

熬波制盐，盐场的选址就显得非常重要。密鹦盐场地势低平，北面是波涛起伏的大海，双庙溪从东西两个方向汇入大海，人们在双庙溪上修建水闸，利用潮汐的自然力量，涨潮时海水涌入，退潮时关上闸门海水就蓄积起来了。盐场南向是广阔的谷地，东靠蛇山，人们制作牢盆和支具可以就地取材。蛇山还为煎盐提供了源源不断的柴薪。密鹦场科学的布局让我们看到了古人因地制宜的劳动智慧。根据宋唐慎微《重修政和经史证类备用本草》的"海盐"图和遗址发掘，我们可以复原盐场的工作场景：盐丁们用长柄勺舀陡闸内的海水倒入木桶，再挑海水倒入盐卤池（灶）中，水池与牢盆有管子连接相通，可不断地加海水入锅，灶口有盐丁添柴管火。煮盐过程中，随着溶液的沸腾，溶液中的溶剂水不断变成水蒸气而蒸发，盐水渐浓，最后水除而结盐。灶旁有盐丁不断地用铲将锅内已结晶的食盐捞入缸内，数名盐丁将成盐送往盐仓中贮存。

事实上，煮盐程序非常烦琐，燃薪熬盐，耗时长，盐丁们的生活非常艰辛。夏天是煮盐的最佳时机，但长期受高温和烟熏火烤，古代盐丁失明的人很多。盐丁们全家老少整年煎炼产盐，还受到监工的鞭抽笞打，缴纳摊派的盐斤后，生活仍然饥寒交迫。微小的盐，凝结着劳动人民的血汗。

◆天富北监的变迁

盐业是古代重要的官营产业。北宋时期，密鹦场盐场和天富北监的建立，使玉环盐业正式纳入了官方运营。从前塘垟发掘的盐场盛况来看，海盐生产带动了外来移民迁入、本地人口就业，并促进了相关产业的发展，使玉环社会经济得到了初步的发展。当然北宋时期玉环发达的盐业并非一蹴而就，城关煎盐传统一直存在，只是目前难以考证。

南宋乾道二年（1166年）9月23日，玉环发生了一场空前的海啸，当晚风雨暴作，居民溺死数万人，千余家天富北监的盐丁流离失所。经过这次浩劫，玉环变成了冷落萧条的荒岛。

13世纪初，天富北监迁往东青一带，并将制盐场所迁至凤凰山下，塘垟一带废弃，史书记载了治理玉环盐务的知监李宽事迹，他招引抚恤，积极经营才将玉环恢复到旧时的繁荣。元至正二十四年（1364年），元政府继承南宋以来所建的盐场，设置了天富北盐场盐课司。

明朝洪武二十年（1387年），政府因倭寇扰边，下令玉环本岛居民迁徙内地，玉环岛废弃，密鹦场场址再次称成为荒墟。楚门千户所建立后，楚门、清港等地建仓储盐，规模较大。明朝实行分户管理，军户、盐户等职业都是世袭的，没有政府批准不得脱籍归民。

清朝雍正六年（1728年），玉环厅建立，天富北监重新迁回城关。第一任同知张坦熊是具有经济韬略、务实勤政的行政长官。他发挥玉环鱼盐特产的经济优势，"安家网鱼，配以煎盐"，广开生产门路。他改革盐制，禁私盐、设官灶，对灶户煎盐实行填牌给照，编入保甲，并灶聚煎，实行官收官卖。盐场归国家所有，政府发给营业执照，灶户实行承包生产，国家统购统销。规定每斤盐价为银5钱，其中2钱5分归灶户，另一半归政府，这大大提高了灶户的生产积极性，促进了城关盐业的恢复。后来盐场规模扩大，海盐生产得到了进一步发展，玉环社会经济初步复兴了。

当然玉环海岛多山，可耕地极少，玉环人为果腹而不断修筑海塘，围海造田，这沧海桑田的变化使煎盐业也发生了巨大变迁，前塘垟不复临海，盐场随着时间的流逝而逐渐消逝在历史的长河中。

思维窗2：制作一张天富北监场发展的大事年表，并概括盐业发展变化的主要因素。

文物保护

前塘垟遗址发掘正值高温炎热的夏季，台风活动又频繁，大量的降雨会使文物遭受破坏性的损失。浙江省在盐业考古方面经验缺乏，作为玉环市重大民生工程的环山小学新校区建设迫在眉睫，这些都使前塘垟遗址的发掘工作困难重重。省文物考古研究所和温州市文物保护考古所的专家们赶过来提供技术支持、协助勘测，他们与玉环的发掘团队一起，与雨水赛跑，舍弃国庆休假，经过四个多月的努力，胜利完成了发掘工作。

在前塘垟遗址，文物考古收获颇丰，前塘垟遗址成功入选2018年度浙江重要考古发现，这是台州市首次入选该项目评选。前塘垟遗址的发掘既为玉环制盐史提供了佐证，也为玉环积累了考古发掘的实践经验。

文物研学

```
                        工具箱
 1. 研学景点：环山小学新校区、后蛟村
 2. 研学主题：◆玉环盐业发展概述
              ◆玉城发达的盐业与其自然环境的关系
              ◆盐业发展与玉环社会经济的关系
              ◆_____
              ◆_____
```

第七课　见证海上抗清的苔山寨城

　　同学们，当你漫步在充满诗意的漩门湾国家湿地公园时，可曾注意过在它的西北方，有一座不为人们熟知的古寨城——苔山寨城？城、寨是古代军事防御的主要设施，今天我们就走进苔山寨城，去追忆那段海上抗清的历史。苔山寨城遗址如图7-1所示。

图7-1　苔山寨城遗址

文物概览

苔山寨城遗址位于浙江省玉环市清港镇苔山村东南山顶,原为明洪武二十七年(1394年)所设的温岭巡检司旧址。那时苔山设有巡检司衙门,正殿面阔5间,进深4间,为硬山顶穿斗式木构架。衙门东北有一口常年不干的水井。至永乐十六年(1418年)温岭巡检司移至三山,衙门被废弃。

顺治年间,南明政权将领在巡检司旧址上筑苔山寨城,用于抗清。寨城依山顶地势而建,呈不规则曲线形,面积约3万平方米。城墙由块石砌筑,周长约600米。城内建有校场用以练兵,城南约半里有营房、哨台、烟墩等建筑,城东北百米内有一水井。现三分之二的城墙遗址尚清晰可辨,保存最完整的一段高约3米,截面呈梯形。2004年1月苔山寨城被公布为县级文物保护单位,2011年1月苔山寨城被公布为省级文物保护单位。

文物说史

◆苔山优越的海防位置

玉环位于温州与台州两个沿海城市交界处,是温台两地的屏障,也是温州及其南部海域通向台州及其北部海域的水上交通咽喉。"外临大海,内近温台,实为海疆诸郡之屏障,洋面往来之要区"(引自《巡抚李卫请展复玉环山奏议》),自古以来为兵家所看重。南明政权偏安东南沿海一隅时,玉环、舟山、象山等都是"海上抗清"重要基地。

苔山是乐清湾众多岛屿中的一个,北距太平县(今温岭市)陆地最近,宛如乐清湾的宝葫芦口,是出入北部乐清湾的必经处。若以苔山为据,兼顾乐清、太平、玉环岛、楚门大陆等多地的军情,海防位置突显,历代政府在苔山建有温岭巡检司和苔山烽墩等海防机构。清初,南明政权的部分官兵重新选择苔山，他们修筑寨城，训练水军，把苔山寨城建设成抗清水师训练基地。苔山寨城成为南明海上抗清的见证者。

沧桑巨变，20世纪70年代，苔山塘的围垦成功使苔山成为清港伸向海洋的陆地，这里成了"世界名柚园"和美丽的漩门湿地公园。

◆ 政令变迁

1661—1683年，玉环基本上被纳入禁垦区，苔山寨城随之被废弃。

近代，为抵御从周围海上过来的海盗和土匪，当时的政府利用苔山的位置优势，在苔山寨城的东北方建碉楼，用来保护岛上居民的安全。

1949年后，因经济发展需要于1967年修建苔山闸。苔山闸是当时玉环县仅有的中型水闸，九眼河系唯一的出海闸，建成后惠及周边乡邻面积达1.3万亩[1]。

1979年12月10日海塘堵口，砌成高7.5米，顶宽3米，堤长为3138米的苔山塘坝，共围涂面积6122亩。苔山寨城的变迁正不断地向世人诉说"海滨小城"的变化。

文物保护

苔山寨城在2004年1月被公布为县级文物保护单位，2011年1月被公布为省级文物保护单位。苔山寨城历经近400年的风霜，仍然孤寂地坐落于苔山村东南山顶上。在苔山村的两座居民楼之间，沿着石阶直上山顶，绕过潘心元烈士墓，可寻得苔山寨城的遗址。

临近山顶，寨城有个约5米长的入口，城墙连绵起伏，但几乎被草藤盖住了，如果不是当地人员的指点，已看不出这就是当年与清兵抗衡的城墙。苔山寨城藤蔓缠绕的城墙如图7-2所示。

---

[1] 1亩≈666.67平方米。

图 7-2　藤蔓缠绕的城墙

　　穿过南面城墙，地势缓缓向下倾斜，又与另一小山丘相连。那边的山岭上有碉楼，北面临海。两座相连的山岭呈凹字形排列，连接处成腹沟。

　　站在隆起的山顶上，苔山已不是座孤岛，从古至今的多次围垦，寨城三面变成了陆地，陆地的面积不断扩大。苔山寨城作为人文景观，有着独特的历史性、文化性，虽经历风霜，实物遗迹保存不够完善，但寨城的历史却能透射出舟楫往来间的海洋文化，海洋文化的包容让苔山人民默默耕耘于苔山塘坝内外，默默守候这片土地，期待它的新发展。

　　苔山村不仅留有寨城遗址，该村还从海岛变成了半岛；地理结构的变化引发了作业方式的改变，反映了时代变迁中村庄发展的历程。

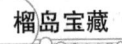

文物研学

工具箱

1. **研学景点：** 苔山寨城、苔山塘
2. **研学主题：** ◆苔山寨城的兴废变迁
　　　　　　　◆苔山寨城的抗清史迹
　　　　　　　◆苔山的围垦历史
　　　　　　　◆_____
　　　　　　　◆_____

第八课　边防要塞小鹿巡检司土城

小鹿巡检司土城坐落在沙门镇泗边村。业经数百年的沧海桑田、人事变换，它原先的地表建筑已经荡然无存，城址内外多已成为田园，但这里埋藏着的是玉环一段鲜为人知的过去。它因何而建？又为什么会遭到废弃？现在的它又能给我们留下了什么呢？小鹿巡检司土城遗址俯瞰图如图8-1所示。

图 8-1　小鹿巡检司土城遗址俯瞰图

文物概览

小鹿巡检司土城遗址，现存于玉环市沙门镇泗边村。始建于明朝，明末清初遭到废弃。后来被重新发现并确定为小鹿巡检司土城遗址。

土城基本呈长方形，大致呈南北走向，原先修筑有巡检司衙门正厅3间、鼓楼1间、吏舍3间、巡兵舍3间等，有城门及城楼各一座，现今已荡然无存。遗址四面除东面靠山外，其他三面均为夯土城墙。土墙高3米，底宽15米，南长76米，西长108米，北长63米，呈不规则方形状，遗址南墙的缺口就是当时的城门。

2017年1月，泗边小鹿巡检司土城遗址被公布为浙江省省级文物保护单位。

阅读卡

巡检司的历史沿袭

巡检司初创于宋朝，但在五代时期已经出现"巡检使""都巡检使"的职务。元朝时，巡检司通常为管辖人烟稀少地方的非常设组织，既无行政权，也没有常设主官，其功能性以军事为主。明朝时巡检司作为县衙以下的基层组织，大致作用类似现今的基层派出所，但兼有行政、军事职能。

文物说史

◆ 历史渊源

玉环地处东南沿海，在古代航海及海防上有着重要的地位。

充电站

海防兵寨

南宋时期为保障海防，在东南沿海险要位置设置兵寨，兵寨的士兵有乡兵，也有正规的水军。兵寨的长官称为"巡检"，巡检的长官称为"都巡检"。

小鹿巡检司的历史可以追溯到南宋时期。北宋灭亡后，为加强海防、保障海上贸易，宋王朝在东南沿海地区设置了众多海防兵寨。其中玉环境内就设置了"青奥、梅奥、北监、小鹿"四寨。元代在此基础上设置北监和小鹿两个巡检司，小鹿巡检司因位于小鹿岛而得名。

◆迁移建置

明朝初年,来自海上的威胁急剧膨胀,既有啸聚一方的海盗,又有来自日本的倭寇,海防形势空前严峻。在这样的情况下,明王朝采取了一系列巩固海防、备御倭寇的措施,不仅派遣信国公汤和[1]巡视海防,更采纳战将方鸣谦御敌于海、固防于岸的建议,在沿海设置卫所和巡检司,组织军队训练。

洪武三年(1370年),明王朝下令小鹿巡检司迁到今天的楚门西青山附近,以免巡检司孤悬海外,被倭寇占据。

不久以后,明朝政府在今天的楚门境内修筑了楚门御倭水军千户所与隘顽(今岙环)御倭千户所,驻扎军队。方鸣谦命令将小鹿巡检司迁到玉环乡三十三都枫林下场(今沙门泗边)。在方鸣谦的主持下,在蛇山[2]边修筑了巡检司土城。

> 思维窗1:收集相关资料,想一想明朝政府为什么要把小鹿巡检司迁移到蛇山附近呢?

按照明朝的相关规定,小鹿巡检司应该有驻扎民兵100余人以及巡逻船一艘。小鹿巡检司负责日常侦查、巡逻、示警;蛇山上筑有瞭望台与烟墩,一旦发现倭寇侵扰,驻守士兵就会马上放烟向附近的卫所报警。一旦海盗与倭寇接近海岸,巡检司民兵会配合卫所官兵,对敌人实施攻击剿灭。在漫长海岸线上,星罗棋布的巡检司与卫所连点成线、连线成网,彼此联络、互相联系,在东南沿海构筑了一道坚实的

阅读卡

卫所制度

卫所制度是明太祖朱元璋模仿北魏隋唐的府兵制、又吸收元朝军制的某些内容而制定的,是明朝军队中最为重要的一项制度。一卫有5600人,长官为指挥使。一卫辖5个千户所,一千户为1120人,长官为千户。一个千户所辖属10个百户所,一百户为112人,长官为百户。百户下又分为两总旗和十个小旗,每总旗辖50人每小旗辖10人。此外,还有堡和哨。各卫所分属于各省的都指挥使司,统由中央的五军都督府分别管辖。

---

1 汤和:字鼎臣,濠州(今安徽凤阳东北)人。明朝将领,因战功被封为信国公。洪武十九年(1386年),奉命在浙江沿海筑城设防,以御倭寇。
2 蛇山:又名琴山,是小鹿巡检司天然的屏障。几百年前,蛇山的东部便是海洋,属于沿海地区制高点,适合瞭望与示警。

"海上长城"。

同时,《橡曹名臣录》中曾经记载,明朝成化年间,一位名叫曾仍的小鹿巡检。在曾仍担任小鹿巡检时,正好赶上天灾,不少百姓或逃走、或躲藏起来做了强盗,曾仍对他们采取了一系列安抚政策。在他担任小鹿巡检的三年内,管辖境内安宁、有序。

> 思维窗2:位于东南沿海的小鹿巡检司具有怎样的职能?

◆ 废置

嘉靖四十年(1561年),戚继光部将胡震在玉环海域率水师撞翻大倭船一艘,毙寇数百人,史称"邱山之役"。在此前后,在戚继光、俞大猷等明军将领的带领下,士兵们英勇作战,浙江、福建沿海倭寇基本肃清,东南沿海的巡检司和卫所也渐次失去原有的光彩。在明朝后期,明王朝裁撤了沿海地区的部分驻军和巡检司,小鹿巡检司也被裁撤。

此后,小鹿巡检司逐渐湮没在历史的长河之中。清顺治十八年(1661年),刚刚取得天下的清王朝为防御在台湾据守的郑成功,下达"迁海令",强令福建、浙江、广东等沿海居民内迁,玉环也在迁移范围之内。当时亲历者的描述:当时的百姓与士兵将房屋和不能带走的东西统统焚毁。可能正是在这场浩劫中,小鹿巡检司的地面建筑也遭到了毁灭性破坏。

> 思维窗3:小鹿巡检司因何而建?又为什么会遭到废弃呢?

文物保护

2015年,小鹿巡检司土城遗址被重新发现。玉环文物主管部门曾多次组织专家到实地调研,并且将该遗址纳入文物管理范畴,着手做好保护范围和建设控制地带的划定、保护标志的制作设置及保护档案的编制等相关事宜,陆续开展了小鹿巡检司土城遗址环境整治项目等文物保护工程。2016年8月,小鹿巡检司被定为玉环县文物保护单位,2017年被列为省级文物保护单位。2019年，玉环市文广旅体局强化文物修缮保护，其中包括开展沙门镇泗边小鹿巡检司土城遗址环境整治实地踏勘与对接沟通工作，重视对小鹿巡检司土城遗址的保护。

泗边城隍庙前的抗倭纪念碑如图8-2所示。

图 8-2　泗边城隍庙前的抗倭纪念碑

小鹿巡检司，曾经有一段生机勃勃的岁月，是明王朝保卫海疆的重要实物，是无数先烈抵御外侮的亲历见证。历经了明清两朝的沧海桑田和人事变换，现在的它，是当地群众供奉城隍和祈愿一方平安的场所。不久后的将来，它会以新的面貌延续它的生命，传承、弘扬玉环人民勇于斗争、自强不息的人文精神。

文物研学

工具箱

1. **研学景点**：小鹿巡检司土城遗址、泗边村城隍庙
2. **研学主题**：◆从小鹿巡检司土城看玉环海防的重要性
   ◆从小鹿巡检司土城的兴废看明朝台州的抗倭形势
   ◆_____
   ◆_____
   ◆_____

乡土建筑

第九课　承载着海洋文化的妈祖宫

今之坎门人，基本上是清时迁来此地的福建移民后裔，追本溯源也总是与闽籍有密切联系。移民们的语言、习俗和信仰在坎门得到了很好的保留。今天，我们就要从"海上女神"——妈祖入手，来揭开坎门的移民历史与海洋文化。

天后妈祖宫正门如图 9-1 所示。

图 9-1　天后妈祖宫正门

文物概览

◆ 坎门天后妈祖宫

坎门天后妈祖宫坐落于浙江省玉环市坎门街道钓艚天后宫路3号，曾称"天后圣母宫"，为四合院式单层建筑，三开间，分前后两进，由门楼、厢房和大殿组成，有石龙柱两根。坎门天后妈祖宫占地面积720多平方米，建筑面积540多平方米。由于改扩建多次，庙宇早已不复古早时期的样子，但大体保持了湄洲妈祖庙[1]的形制。其屋顶脊线如燕尾高高扬起，线条流畅，轻盈华丽又精致细腻。建筑装饰色彩运用大胆，黄色、红色、蓝色和绿色被大量使用，符合大众传统的审美。在中国传统艺术审美观念中，黄色一直被视为皇室、权贵的象征，红色则代表着红火、祥和、喜庆的含义，而绿色则有"禄"之意，喻示着禄丰财旺，蓝色则象征海洋，代表妈祖与海洋的密切联系。这些颜色也从侧面印证了百姓对门楼上"盛国佑民"四字的祈盼。

坎门天后妈祖宫建于何时呢？《特开玉环志》（1732年成稿）记载："天后宫（坎门、西青）：正殿叁间，两廊贰间，头门壹间。"故坎门天后妈祖宫的建立应不会晚于雍正十年（1732年）。又《玉环厅志》（草创成书于清朝雍正六年）记载：天后宫在西青山脚下……国朝顺治三年，大兵次磐石不得渡，祷于神乃缚筏以济。统兵官范绍祖因新其庙，雍正间拨兵至玉环驻西青街因建庙于其地……楚门黄大奥教场奥坎门皆建庙。由此可见，坎门天后妈祖宫可以确定至少建于雍正年间。

民国时期，扩建殿宇，修缮戏台。20世纪50年代，庙宇被改作仓库，信众藏神像于民宅；60年代，建小庙祭祀；70年代，重建庙宇。进入21世纪，对殿宇进行修建、扩建。2011年，配建戏台及门楼。庙内尚存古代石香炉一只，制作年代不详。东墙嵌有同治六年（1867年）的"奉宪勒碑"一块。

---

1 湄州妈祖庙：妈祖信仰的发源地。

思维窗1： 请收集湄洲妈祖宫的相关资料，从建筑装饰角度比较坎门天后妈祖宫和湄洲妈祖宫建筑形制上的异同。

阅读卡

奉宪勒碑

奉宪勒碑，刻于同治六年（1867年），碑高1.85米，宽0.85米。从碑文内容看，该石碑应为玉环最早的制止乱收费的实物资料。

清朝，由于渔业生产的发展与繁荣，坎门钓艚岙内船只进出频繁。同治初年，有弁兵[1]对船只进行敲诈，乱收费，将原来的有货之船收取五百文的定规，擅自改为无论船只大小、有货无货，每只收钱三千九百二十文。此事引起群众极大不满，被联名上告。浙江温台水路总镇朴勇巴图鲁吴，于同治六年（1867年）出示谕禁，规定有货之船收号钱五百文，无货不收，并于天后圣母宫前立碑。

◆后沙妈祖宫

后沙妈祖宫（见图9-2）坐落于浙江省玉环市坎门街道后沙社区前街244号，曾称"娘妈宫""天上圣母宫"，于1953年农历九月初九定名为"妈祖宫"，始建于清朝中后期（具体年份暂不可考，一说于清乾隆年间从钓艚天后圣母宫分香），也是一座具有悠久历史的庙宇。

图9-2 后沙妈祖宫

---

1 弁兵：此处释义为清朝低级武官及兵丁的总称。

后沙妈祖宫为四合院式单层建筑，三开间，分前后两进，由门楼、厢房和大殿组成，建筑占地面积约200平方米。第一进门楼，体量较小；第二进正殿，九檩构架，采用明间五架抬梁、两端山面穿斗式梁架的混合结构，有石龙柱2根（见图9-3），石柱12根。厢房部位为廊的形制，木柱结构。另外，宫中保存有清道光二年（1822年）和清同治六年（1867年）石碑各一个。

图9-3　石龙柱

文物说史

◆妈祖信仰的传入

妈祖是我国东南沿海一带人们普遍信仰的海神，起源于福建莆田湄洲岛。妈祖历来受中国沿海百姓崇奉，她救急扶危，护佑渔民，宋、元、明、清都对妈祖多次褒封，封号从夫人、天妃到天后，并最终列入道教祭典和国家祀典。

福建人多地少，"讨海"是主要生产生活方式，他们长久以来为谋生而出海，本土妈祖信仰随着渔船传播开去。以福建为中心，北上由浙江开始，经江苏、山东、河北、天津等一直到辽宁；浙江是闽人北上的第一站,也是北线妈祖信仰传播途中建立妈祖庙最多的地方。

坎门渔港是我国东南沿海交通枢纽之一,浙闽渔民北上捕捞必经此地。钓艚一地,原称坎门,为当海之门户,漕运之要冲,闽钓艚之锚地。明嘉靖二十四年(1545年),福建莆田、惠安渔民来坎门的钓艚岙、鹰捕岙随鱼汛作季节性居住或搭寮定居;清康熙年间,福建崇武渔民陆续来坎门集居;雍正年间,渔民把妈祖从湄洲祖庙分灵到坎门,建庙立祀。概览中提到的坎门天后妈祖宫和后沙妈祖宫是其中的代表。玉环市文人张一芳曾撰文提过天后妈祖宫所用砖灰料石,悉从闽运至岙,历数年而竣,大凡南下北上之江浙闽广渔商船只,毋论冬钓春捕、贩鱼商运,经岙港者皆备香火祀祭。

由史料可知,坎门乃至玉环当地很多民众的原籍可追溯至闽籍,坎门作为闽籍移民较多的乡镇,纵观其风俗民情,具有浓厚的闽风,语言、习俗等都得到了较好的保留。

◆ 从妈祖信仰看当地海洋文化

浩瀚无垠的大海给予人们丰富的生产生活资源,同时带给人们难以预测的灾难。海上天气变幻莫测,古代没有天气预报,出海的渔民和商贾随时都会面临台风、龙卷风、海啸等恶劣天气,还有大海深处隐藏的暗礁等危险。渔民们每次出海都是生死对决,可能满载而归,但整船覆没也是家常便饭,同时还要遭受一些海上掠夺者的盘剥。渔民们经常面对自然和人为的双重祸害,他们心理上很乐意接受这样一位海上救难神。加上移民坚守家乡传统的文化氛围,妈祖信仰很快在坎门得到传播发展,彻底融入当地社会。妈祖文化满足平民百姓祈福求顺的心理需要,在困境中给人以希望,在危难中给人以力量。

向善、助人、抑恶是妈祖信仰的核心精神,深深地影响着渔民的精神生活。在古代的坎门人生活中,我们可以找到许多人与海洋共存共生的印迹。坎门地方志中记载同治五年(1866年)出现了民间自助的慈善机构,设救生局,规定每年冬钓每船出钱二千钱的利息用来付渔民意外死亡的抚恤金，并将此规定刻于石碑立在教场头天后宫前。民国时，渔会会将一部分捐款作为"死身钱"给死者家属。坎门渔民强悍机敏、豪爽不羁，出海与困厄搏斗时，履危执令如过戎马军人生涯；他们严守行业规定，勒石立碑于妈祖宫的行规是必守无疑的，即使口头应诺也是驷马难追，绝不反悔；海面上如遇到海难等事故，救助者必蜂拥而至，义不容辞；如见有溺海浮尸的，即使无人认领，必拖带入岙自己出资将其掩埋。

此外，妈祖宫是清朝官府管控地方社会、发布公示禁政的场所。分析两处妈祖宫中的石碑可以看出，官府借用妈祖信仰为其有效治理当地社会服务。以上宫中所存石碑内容，大多为官府颁布的有关渔民民生问题的法令，清朝地方官府之所以将颁布的禁令、示谕等行政条令勒石立于庙内，是因为妈祖庙作为民间信众的祭祀场所，与百姓生活密切相连，人员流动量较大，这样一来，条令的颁布才得以有效扩散。

可以说，妈祖文化是坎门乃至玉环岛移民文化和海洋文化的浓缩。

> 思维窗2：1. 坎门天后妈祖宫和后沙妈祖宫墙上都镶嵌清朝石碑，请实地考察并比较这几处的石碑内容有何区别。
> 2. 坎门渔港作为我国东南沿海交通枢纽，请从洋流、地形等地理角度分析其能为枢纽的自然条件。

文物保护

坎门天后妈祖宫，自2005年开始陆续进行修建、扩建殿宇及配建戏台及门楼。2011年11月，被中华妈祖文化交流协会第二届会员大会吸收为会员单位。曾列入玉环县第三次全国文物普查不可移动文物名录。其在当地信者众多，诞辰前后数日里，盛做佛事，大演戏文，整个宫庙人潮汹涌。

后沙妈祖宫，据知史老人回忆，曾为坎门镇政府的办公地，也曾是坎门最早的灭火队——水龙灭火队的机构点。妈祖宫于民国十一年（1922年）遭大火焚烧，彼时庙宇与水龙灭火队的设备均毁于火海之中，次年宫庙重修。后来人为破坏严重，仅存空殿，并一度被占用。直至1993年，当地群众共同努力恢复了妈祖宫。1994年，玉环县人民政府宗教事务办公室批准其为妈祖文化活动场所。尽管自然灾害侵袭、长期不合理利用及修葺不当都给建筑带来了一定程度上的破坏，但总体而言，妈祖宫年代相对久远，做工考究，具有较高的历史、艺术、人文价值。坎门天后妈祖宫已于2016年列入玉环县级文物保护单位。

文物研学

工具箱

1. **研学景点**：坎门天后妈祖宫、后沙妈祖宫
2. **研学主题**：◆ 坎门渔港成为沿海交通枢纽的自然条件
   ◆ 寻找身边的闽籍移民，听听他们的移民故事
   ◆ _____
   ◆ _____
   ◆ _____

第十课　东西村的古戏台文化

东西村古称"竹冈",是玉环历史文化名村。东西村古戏台不但在建筑上很有特色,而且事关民间信仰、姓氏宗族。它既见证了我们家乡曾经的建筑风格,也见证了当地的古戏台文化,今天我们就一起来游览下东西村古戏台。

东西村古戏台如图10-1所示。

图10-1　东西村古戏台

文物概览

东西村位于浙江省玉环市楚门镇东北部,古称"竹冈",是玉环历史文化名村。村域面积2.3平方千米。竹冈的出名始于南宋的戴明。戴明,竹冈人,进士出身,官至工部侍郎、户部侍郎。戴明在此办起了玉环县第一个书院,曰"皆山书院"。后来,在"皆山书院"建造了戏台。清康熙八年(1669年),督抚王虎在竹冈寨修筑城垣,西立城隍庙,东立东关庙,重修了古戏台,就是我们今天所见到的古戏台。

东西村古戏台,坐落在村中心的东关庙,共两层,底层放座椅等,二层为戏台,距地面约1.5米,宽约5米,深约4.8米,几乎呈正方形,是一个木质结构戏台。

文物说史

农村戏台是我国农村文化的重要载体之一,是数千年来民间百姓聚会的重要公共场所,它不仅是一种建筑形制,还是一方文化展台。宋朝推行崇文抑武政策,城镇经济出现,都市文化、世俗文化、民间文化得到了快速发展。东西村古戏台的建筑特色、市俗和宗教文化特色非常具有研究价值。

◆戏台与建筑文化

东西村古戏台几乎呈正方形。从远处看,整个戏台造型古朴,前檐至额枋间布满斗拱装饰木构件,内外额枋、斜撑、雀替、月梁等均雕有各种精巧人物、花鸟等图案,制作工艺考究;戏台天花板上绘有精美的龙凤图案,虽历经上百年的风风雨雨,但整体保存良好,在建筑、浮雕、绘画上具有极高的艺术价值。

台下六根柱子和最后面中间一条短木头,顶着22块长厚木板,形成戏台。戏台距地面约1.5米,成人刚好是嘴巴齐戏台,看戏时不累脖子。最引人注目的是台口两根柱子上,各有一个宽约20厘米、长约80厘米的斜撑,上面雕刻着一只狮子和两个人物,狮子那圆圆的眼睛虎视眈眈地注视着前方,炯炯有神,神态生动逼真。柱子上的狮像和人像如图10-2所示。

图 10-2　柱子上的狮像和人像

戏台虽然不宽大，但构造严谨，隐约能看出设计的匠心。戏台藻井采用楼阁式（凹进）结构，距楣1米高，藻井平面积约为11平方米。藻井能更充分地运用声学原理，使台上每一位演员唱出的声音，都能达到洪亮的效果。

戏台的后部有个屏风（见图10-3），宽约2.5米，高约2.1米，分六档上下12块，屏风上正中悬挂着一块"奏其乐"的红底金字匾。戏台后面有一把约1.4米长的小木梯，走上五级木梯，就是一个小阁楼。小阁楼两侧各有一间厢房，供演员在此化妆打扮、更换戏衣、置放道具，楼下可供戏班食宿。

图 10-3　戏台后部的屏风

> 思维窗1：请你用简洁的语言来概括东西村古戏台的建筑特色。

戏台与关庙文化

古代的戏台，建造在庵观、寺庙、祠堂内的居多，民间又称"万年台"，意寓得神灵菩萨护佑，求子嗣绵延、福寿无疆。神庙戏台是民间信仰和祭祀的产物，体现了民间信仰情形和大众审美情趣，是一种特殊类型的古戏台。

东西村古戏台是一座神庙戏台，坐落在村中心的东关庙内，也叫"关庙戏台"。关羽的事迹被神化，关羽被尊为"关公"。东西村古戏台上有这样一副对联（见图10-4）：欢歌嘹亮戏演忠孝兴衰史，妙曲悠扬笑看古今忧乐情。古戏台对联中提到的"忠孝"的典型人物就是关羽。

图10-4 戏台上的对联

东西村的村民几乎不以"讨海"为生，这里种植业较发达，有杨梅、桃子、文旦等各种水果，风调雨顺对于农业的发展至关重要。历史不断演变，我们已经无法知晓当时东西村的人们是秉持着怎样的信仰修建了"东关庙"，"风调雨顺""国泰民安"无疑是当时人们共同的期盼，并且通过庙会、戏台这样的表现形式延续着。

从每年的农历五月初八开始，东西村供奉关公的关庙内，香火缭绕。四周百姓集资请来戏班，在东西村的古戏台上唱上一番，戏台前，人山人海。每次都要演5天戏（5天后为农历五月十三，即关公磨刀日），祭祀祈求关公保佑风调雨顺，古时官方在当天也要祭祀。

> 思维窗2：请你说说古戏台在东西村的社会生活中发挥了什么作用？

充电站

武庙之首——山西运城解州关帝庙

在庙宇中，多有山门兼作戏台的形制，可谓一门两用，解州关帝庙雉门便是典型一例。解州关帝庙位于山西省运城市解洲镇，它创建于隋开皇九年（589年），已存在1400余年，被列为第三批全国重点文物保护单位。解州关帝庙与雉门如图10-5所示。

图10-5　解州关帝庙与雉门

文物保护

随着现代社会的急剧转型，许多传统的生活方式已被逐渐遗弃，戏台文化走向式微，东西村古戏台也面临"曲终人散"的尴尬。

2013年夏，东西村为了保护文化遗产，在上级有关部门的资助下，筹措资金，将古戏台进行了一次大整修。楚门镇政府委托临海设计院对古戏台进行了精心修缮，使其旧貌换新颜。

为庆祝古戏台修缮完工，楚门镇举办了戏曲专场演出。200多年历史的东西村关庙古戏台上锣鼓铿锵、曲雅悠悠，沉寂了许久的古戏台又充满了活力。

2004年，东西村关庙戏台被列为我市的文物保护点，在政府的大力支持下，古戏台又开始"唱响"新生。

文物研学

工具箱
1. **研学景点**：东西村古戏台、灵山寺 2. **研学主题**：◆ 东西村古戏台的建筑文化 　　　　　　◆ 东西村古戏台现在的价值 　　　　　　◆ 现代科技下古戏台的重生 　　　　　　◆ _____ 　　　　　　◆ _____

第十一课　楚门老十字街的变迁

楚门，有着悠久的历史和深厚的文化底蕴。同学们，你可知道楚门在古代是优良的港口，是宋元海上丝绸之路的必经停泊点。这里钟灵毓秀，人杰地灵，是浙江省历史文化名镇、全国文明镇等。承载着楚洲文化基因的十字街，东西南北四向延伸交错，见证着古镇的沧桑变迁，至今仍保存着悠悠的古韵风情，且在时光的映衬下重焕灼灼风采。

楚门老十字街概貌（2017年航拍图）如图11-1所示。

图11-1　楚门老十字街概貌（2017年航拍图）

文物概览

楚门老十字街，自建镇以来就是楚门的中心街市。

楚门城镇建设源于明朝洪武二十年（1387年）设置的楚门千户所军事机构，千户所是明"卫所"军事制度的重要组成部分，有1120名士兵，属于军队小分区。随着军队入驻，城镇逐渐形成。老城西靠西青山，东南北三方修建古城墙，西青桥和东门设吊桥，吊桥拉起来，城易守难攻。古城墙既是军事防御工程，又是水利防洪工程。城内设十字街市，成为城镇

75

的主要生活繁荣区。20世纪70年代时，东门和北门的老城墙地基仍在，高出地面两三米。

主街市以十字街为中心向东南西北延伸，呈井字形结构，具有十分清晰的格网结构，是中国典型的江南城市布局。据史书记载，清朝时的十字老街宽约5.75米，石板路面，十字街中心建有石柱戏台，古称"中街亭"（已毁于大火），平时摆海鲜摊。各街巷两侧由石（砖）木结构二层楼房和平房商店房屋围合而成。

依据《楚门镇志》的记载，可以知道中华人民共和国成立后至20世纪80年代楚门十字街的面貌如下。

东大街：东升桥至十字街口，全长约264米。原路东端向南折转两弯有碍交通，1985年拆迁该处民房，使街道直通东升桥，沿街主要单位有医药购销商店、机械厂、财税所、人民银行储蓄所、新华书店、锻件厂、塑料三厂等。

南大街：十字街口至环城南路，全长约375.6米。1988年2月1日，改建成水泥路面，沿街主要单位有照相馆、饮食店、镇中学、人民剧院、基督教堂、邮电局等。

西大街：十字街口至人民路，全长约250米。沿街主要单位有港北商场、理发店、医药商店、中百公司门市部、镇卫生院、文具店、烟糖酒零售店、水果店、饮食店等。

北大街：十字街口至北门桥，全长约290米。1988年7月22日，改建成水泥路面，沿街主要单位有楚门镇人民政府、派出所、个体协会、区文化站、向阳幼儿园、消防队、楚门旅馆等。

充电站

中街鱼市

中街鱼市曾是楚门八景之一。"不问寅与巳，鱼鳞匝地摊。冯驩如客至，剑铗不须弹"，这是清朝贡生张英风对鱼市繁荣的描绘，意思为从清晨到午前，满街鱼鲜，要是战国时孟尝君门下的食客冯驩来此，就不会敲击着剑高唱"食无鱼"了。可见，中街鱼市名不虚传，足见楚门地处海滨，水产资源丰富。

思维窗1：为什么楚门十字街会形成鱼市？

文物说史

◆老十字街中心街区地位的变化

改革开放后,随着经济发展,周边外乡的人不断迁居楚门镇,楚门镇的人口逐年增长,政府开始计划中心城区的外迁事宜。新的中心街区围绕着南兴街逐步发展和繁荣起来,取代了老十字街的中心街区地位。

老十字街的经济功能发生了变化。新兴产业如阀门制造业和家具行业等快速兴起,新兴企业根据其规模和经济发展的需求,建立了工业园区,从而形成了楚门新的产业结构。东大街上原有的工厂,如机械厂、锻件厂和塑料厂等,已经搬迁或消失。西大街上的中百公司被拍卖,拍卖所得资金用于在新建的南兴街东头的楚门百货商店。楚门旅馆基本保持原貌,现由不同的租户居住。1949年初楚门十字街还原示意如图11-2所示。

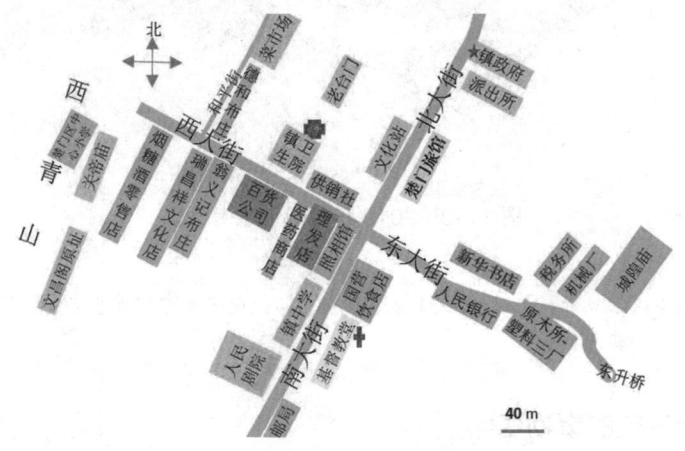

图 11-2　1949年初楚门十字街还原示意

中心城区的转移带动了政治、文化等机构的变化发展。街区里的镇属各机关单位依据各自功能需求,选择了新的地点进行发展。北大街上的楚门镇人民政府搬到了南兴街上,并于2018年再次迁址。派出所迁移到了北门桥北面的桥北路。消防队迁到了楚柚北路,其原址现在已是居民区。与此同时,一系列文教卫生场所由于场地限制,纷纷进行了搬迁。东大街上的新华书店迁到了新建的南兴西路。南大街上的镇中学外迁到了济理桥畔。基督教堂在城北路新建。人民剧院则因老旧失修,后被改造为商铺。

西大街的镇卫生院搬迁至环城北路与楚柚路交汇处,即原玉环第二人民医院内。只有邮电局依然坚守在南大街尽头,南大街与后来建设的南兴街交叉,邮局便矗立在两条大街的交叉口,成为今日楚门的标志性建筑之一。2019年楚门十字街示意如图11-3所示。

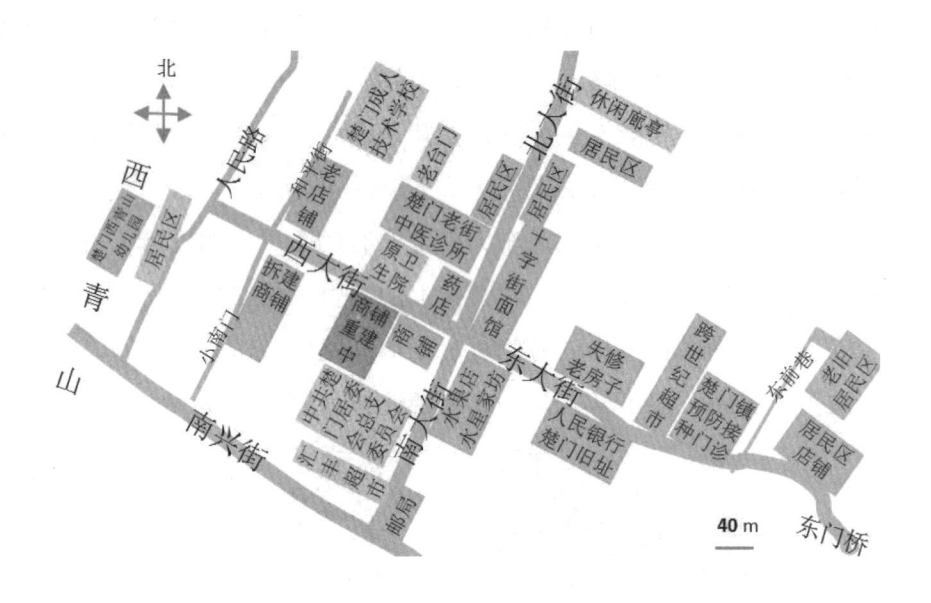

图11-3 2019年楚门十字街示意

> **思维窗2**：收集资料,对照图11-2、图11-3,说说老十字街发生了哪些变化,并分析其原因。

◆**老十字街的事物变化**

楚门老十字街就是一幅世俗画卷,各种鲜活的文物、建筑矗立其间,各具风情,无声地见证着楚门老十字街的变迁。

石狮 石狮在民间有辟邪的作用,常被看作看守门户的吉祥物。原楚门东岳庙（大帝庙）前,雄踞着一对石狮,雕于清朝时期,用青石雕刻,高约1.3米,线条浑圆粗壮,造型惟妙惟肖,栩栩如生。1949年后,这对石狮迁至南大街人民剧院门前（原关庙）,相对峙立,雄健威武,以壮观瞻。石狮被公布为县重点文物保护单位。楚门石狮之一如图11-4所示。

图 11-4　楚门石狮之一

老台门　在西大街王家巷里，有一幢老台门（见图 11-5），如今已断壁残垣，孤独地伫立在历经沧桑变迁的老城民宅中。老街有较多如老台门这样古风犹存的建筑，尤其是西大街从十字街口至人民路的街道两侧，它们基本保持了清末至民国时期的模样。它们大都是以石头为主要材料的石木结构和青砖瓦木结构。楚门地处东南沿海，常年有台风侵袭，加上海洋带来的潮湿空气，山体为凝灰岩地貌，因此多石少木成为当地村镇的特征。四周石墙围筑，不易被台风侵袭，同时避免了纯粹木结构建筑在潮湿气候下的易腐性，使宅院经久耐用。这类建筑物上倾斜的屋顶坡度，反映了南方多雨水的自然特点。石木结构的二层建筑物如图 11-6 所示。

图11-5　老台门

图11-6　石木结构的二层建筑物

沿街商铺　今日，漫步楚门老十字街，商铺依旧林立，货品繁多。随着楚门社会经济的发展，人们对物质的需求有了极大的变化，原来在农业生产中担当主角的铁制农具，伴随工业的迅速崛起渐渐退出人们的生产和生活，东大街上曾经热闹的打铁店也渐渐凋敝甚至消失。与日常生活密切相关的市井小铺则依然保留了鲜活的生命力，如理发店、棉絮店、面盆日杂店、糕饼店、灯笼店等。楚门四合院如图11-7所示。

图11-7 楚门四合院

文物保护

老街承载着楚门曾经的繁荣与辉煌，也历经了曲折和沧桑。从青砖路面到石块路面，再到现在的水泥路面，老街见证了时代的变迁。随着南兴街的建成和商业中心的外迁，楚门老街逐渐失去了往日的繁华。沿街的许多旧有建筑遭到破坏或拆除重建，这使楚门古镇到了必须立刻着手保护的阶段。

为重现古镇魅力，重拾历史记忆，自2012年楚门镇获评浙江省历史文化名镇后，镇政府委托浙江大学城乡规划设计院制定了楚门古镇旧城改造实施方案。该方案旨在恢复和保护古街道及建筑，改造基础设施，力求传承城市发展历史，恢复城市记忆。

然而，2019年8月超强台风"利奇马"过后，老街尤其是西大街一些砖木结构老建筑受损严重。在面对台风等自然灾害时，如何更好地保护老街建筑是一个亟待解决的课题。

文物研学

```
                    工具箱
1. 研学景点：十字街（人民银行、人民剧院、北门旅馆、中街鱼市旧址等）
2. 研学主题：◆十字街的今昔变化
            ◆十字街的沿街建筑特色
            ◆_____
            ◆_____
            ◆_____
```

第十二课　硝烟散去的百年碉楼

玉环碉楼，又称炮楼，是民国时期为防范海匪而出现的融居住与军事防御于一体的近代乡土建筑。玉环碉楼这种过去很少进入公众视野的乡土建筑近几年开始受到大家的关注，就让我们一起探究碉楼背后的那段鲜为人知的往事。

潘氏人面碉楼如图12-1所示。

图 12-1　潘氏人面碉楼

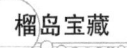

文物概览

玉环碉楼群建于民国时期，主要分布在临近乐清湾的芦浦、楚门、海山等沿海乡村。在玉环市境内保存较好的碉楼有9座。2011年1月7日，这组颇有传奇色彩的碉楼被浙江省人民政府公布为省级文物保护单位。

阅读卡

玉环碉楼群	
名称	简介
潘氏碉楼	坐落在芦浦镇隔岭村，建于1933年，由村民潘声明、潘声美、潘声雅三家为防御土匪侵扰而建。潘氏碉楼如图12-2所示
吴氏碉楼	坐落在芦浦镇尖山村，为吴启芳所建，共三层。窗户上刻有树、花草、动物等浮雕，外侧两面另有人面物身的图案，是仿温州样式的洋楼建筑。吴氏碉楼如图12-3所示
梁氏碉楼	坐落在芦浦镇分水村，建于1929年，碉楼主人梁家辉因怕遭土匪骚扰而建造，共三层。梁氏碉楼如图12-4所示
东头碉楼	坐落在海山乡，建于20世纪30年代，是当地村民黄田贵的爷爷为防御土匪、海盗而建造，共三层。碉楼各墙面开有多个方形小窗，在窗户的外墙上有一定的花纹式样，内宽外窄。东头碉楼如图12-5所示
西跳碉楼	坐落在海山乡大青村，这座碉楼由大青村村民集体修建，共三层，碉楼各墙面开有多个方形小窗，并布满射击孔。西跳碉楼如图12-6所示
应氏碉楼	坐落在干江镇盐盘村，由当地村民应子正的祖父为防御土匪、日寇侵犯而建。三层建筑，各墙面开有多种形状的孔洞，有扇形、葫芦形、圆形等，用于观察敌情和射击。应氏碉楼如图12-7所示
苔山碉楼	坐落在清港镇，为维持地方稳定而建，用于抵御从周围海上过来的海盗和土匪。原为三层建筑，现为二层建筑，墙体的各面均开有射击孔。苔山碉楼如图12-8所示
陈凤祥碉楼	坐落在楚门镇，当地开明绅士陈凤祥为防御土匪侵扰而建造的中西合璧的碉楼，碉楼各面墙体上开置多个灰塑精美的窗户，建筑样式融合了欧洲哥特式建筑风格。陈凤祥碉楼如图12-9所示
西岙陈氏碉楼	坐落在楚门镇。1946年，村民为防御土匪建造，各层墙体上分布有许多射击孔。西岙陈氏碉楼如图12-10所示

第十二课　硝烟散去的百年碉楼

图 12-2　潘氏碉楼　　　图 12-3　吴氏碉楼　　　图 12-4　梁氏碉楼

图 12-5　东头碉楼　　　图 12-6　西跳碉楼　　　12-7　应氏碉楼

图 12-8　苔山碉楼　　　图 12-9　陈凤祥碉楼　　图 12-10　西岙陈氏碉楼

思维窗1：从玉环现存碉楼的建筑构造看，它们存在哪些共性？

85

文物说史

◆ **碉楼兴建之因**

玉环岛是位于浙江省东南沿海的一个小岛屿，它东濒东海，南连洞头洋，西嵌乐清湾，海域面积较广阔，有1780多平方千米。环乐清湾地区曾是海盗海匪活动相当活跃的区域。

清末至民国时期，天灾严重，庄稼无收，灾民以观音粉充饥，同时战乱频繁，民不聊生。但农村中却出现一小部份相对富裕的地主阶层，这导致海盗、土匪活动猖獗，不时登陆打家劫舍，沿海人民苦不堪言。鉴于乐清沿海海匪患纷繁严重，为了保家卫村，沿海人民被迫奋起自卫，白天各村设有岗哨防范海匪，夜间村村设更夫打更巡逻，设警防寇。沿海富有人家，纷纷筑起炮楼、备枪弹，监视和反击海匪侵扰。

阅读卡

硝烟弥漫的吴氏碉楼

进入尖山吴氏碉楼，能感受到浓浓的硝烟味，碉楼里陈列有专门运送枪支弹药的滑梯，二楼正门处陈列着一挺著名的极具杀伤力的马克沁重机枪，四周墙面和角落处陈列有长枪短枪、手雷、手榴弹、防毒面具等各种防御武器（见图12-11）。

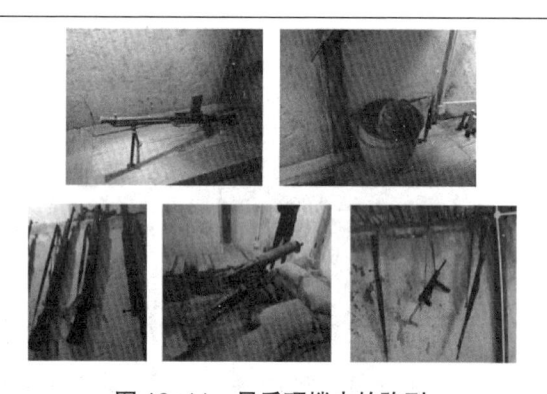

图12-11 吴氏碉楼内的陈列

> 思维窗2：你能说说玉环碉楼群的地理分布特点及兴建的原因吗？

◆ **人面碉楼奇观**

在玉环碉楼群中，有三座碉楼的建筑外观和防御功能与众不同，格外引人注目。它们是楚门镇陈凤祥碉楼、西岙陈氏碉楼和芦浦镇隔岭村的潘氏碉楼。它们的共同点是都在三楼每面外墙中间位置，设有向外悬挑的可以朝下射击的小箱体，实现了远距离射击与近距离射击的双重防御功能。这种小箱体建筑与墙上的窗户布局在视觉上形成一种独特的组合，类似于人脸的特征，因此称它们为人面碉楼。

而芦浦镇隔岭村的潘氏碉楼，它的墙体上呈现出完整的人面象形的各个组成要素（眼、鼻、口、眉等），并且都跟碉楼的建筑功能紧密结合，被称为人面象形建筑的终极之作。

潘氏人面象形碉楼是从普通碉楼演变而来的，它主要的特点是在建筑第三层的外墙出现了一种向外悬挑的小箱体，看上去就像"凸起的鼻子"，实际上是一种外悬的带有垂直防御性攻击功能的构造，这种悬挑的小箱体宽40厘米左右，底部开有射击孔，能容纳一个人俯身向下进行观察及射击。

窗是衡量碉楼偏重防御或居住功能的重要因素，也是组成人面象形建筑"眼、口"的重要部分。由于潘氏碉楼属于纯粹的防御性建筑，为了安全起见，碉楼对窗的设计非常注重。三层的窗设成非常小的圆形的瞭望口，像正注视着敌人的眼睛，一楼和二楼的窗是一个只有25厘米宽的方形，就像是人的嘴巴，而设计者甚至没有忘记把落水也利用一把，将屋顶的落水塑在两眼的侧上方，在视觉上把它导向为人的双眉，丰富了人面的细节。

潘氏碉楼是在充分满足建筑功能的基础上顺势进行象形设计，实现了形式与功能无缝对接，不愧为人面象形建筑的典范。潘氏碉楼内景如图12-12所示。

图 12-12　潘氏碉楼内景

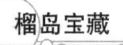

这种人面象形建筑在环乐清湾众多的碉楼中，极为罕见，它对人们了解和研究玉环民国时期历史和乡土建筑艺术提供了较高的历史价值。

> **充电站**
>
> **同类型的碉楼**
>
> 国内较早具有垂直射击构造的碉楼有贵州的屯堡碉楼（见图12-13）和广东的开平碉楼（见图12-14）。
>
> 屯堡碉楼上端有四个凸出的石箱，平均分布在外墙面正中，三面均开有"T"字形枪眼，底部凿有拳头大小的圆孔，用于投放土制炸弹或手榴弹。
>
> 开平碉楼上部都有悬挑的防御岗亭，叫"燕子窝"，造型不尽相同，早期的呈方形居多，后期多用欧洲城堡式的圆柱塔楼形式。"燕子窝"的内部除了在墙面开设向前的射击孔，还在悬挑的地面开设向下的射击孔，可以居高临下垂直还击靠近碉楼的敌人。

图12-13　贵州屯堡碉楼　　　　图12-14　广东开平碉楼

思维窗3：潘氏碉楼、贵州屯堡碉楼和广东开平碉楼之间是否存在渊源关系，请说出你的依据？

文物保护

经过将近百年风雨的洗礼，玉环碉楼群的外部轮廓现状良好，但大部分碉楼屋顶与内部木楼板、楼梯等设施年久失修，处于损毁状态。2008年随着全国第三次文物普查开展，人们对碉楼这种乡土建筑给予了更多的关注和保护。2011年1月7日，玉环9座碉楼被浙江省人民政府公布为省级文物保护单位，大部分碉楼得到了修缮保护，其中尖山吴氏碉楼还被设为"玉环碉楼陈列馆"，成为人们研究欣赏玉环地方特色建筑、特定历史阶段民众的生存环境和审美艺术的鲜活资料。

文物研学

```
                            工具箱
1. 研学景点：潘氏碉楼、吴氏碉楼、梁氏碉楼
2. 研学主题：◆玉环碉楼群建筑结构共性及其成因
             ◆人面碉楼与贵州、广州开平碉楼的渊源
             ◆_____
             ◆_____
             ◆_____
```

近现代史迹

第十三课　充满爱国情怀与科学追求的坎门验潮所

同学们，你们听说过验潮所吗？知道建验潮所所需条件及它的作用吗？坎门验潮所因独特的地理条件，为国家的领土版图测绘提供了关键的"坎门零点"，见证了科学家们深厚的爱国情怀与他们不懈追求真理的科学精神。现今它的功能还不断完善，是海洋国际潮位资料交换站。

文物概览

坎门验潮所（现为坎门海洋环境监测站），位于浙江省玉环市坎门街道灯塔社区平石岙，面积约2000平方米。它是中国历史上第一座由国人自己设计的验潮机构，是玉环市的全国重点文物保护单位，也是国际上第一个以观测潮汐变化为特征的具有非常特殊意义的科学遗址保护点。

阅读卡

验潮所

长期观测海平面水位升降的工作称为验潮，进行这项工作的场所称为验潮所。验潮所通常在选定的地点，设置自记验潮仪或水尺来记录水位的变化，进而了解海区的潮汐变化规律。经过长期观测求出该址海面的平均位置，算出大海在平静时的基准高度，以此作为海拔零点。确定了海拔零点，陆地上的山地、平原、城市与其比高，就是各地的海拔数值。

坎门验潮所于1929年10月基本被建成，1930年5月验潮所正式验取潮位。1934年10月，通过对1930—1934年间的潮位观测数据进行综合统计分析，得出了坎门平均海平面数据，由此确定了"坎门高程零点"，也称"坎门零点"，并将其引测[1]到基岩上，定为验潮基准点（252号一等水

---

[1] 引测：测量的一种方法，利用水准仪把同样的海拔高度一步步引到基岩上。
第一步：在已知高程点（后视）和待测点（前视）间支设水准仪，最好支在中间，调平；第二步：在已知点立直塔尺，用水准仪照准读数，记录；第三步：将塔尺移至待测点立直，用水准仪照准读数，记录；第四步：计算，待测点高程＝已知高程＋后视读数－前视读数。
这样一个测程就完成了，把水准仪移到下一个测程，然后重复工作即可。

准点，见图 13-1）。为了防止验潮基准点遭到意外损毁，又在附近增刻了一处基准参考点（见图 13-2）。

图 13-1　252 号一等水准点

图 13-2　基准参考点

1958 年，坎门验潮所改名为坎门海洋站。1959 年，我国首次向世界公布了"坎门高程零点"的精确数据。2001 年 6 月，国家海洋局拨专款进行施工，添置了现代化观测设备，目前已成为全国海洋示范站。2013 年，坎门验潮所被国务院公布为全国重点文物保护单位。这是国际上第一个以观测潮汐变化为特征的、具有非常特殊意义的科学遗址保护点，在中国文物保护领域具有里程碑意义。

> **思维窗1**：请用年代尺画出坎门验潮所的科技发展过程。

文物说史

◆坎门验潮所的历史意义

鸦片战争后，资本主义列强为了殖民统治和掠夺资源，在我国沿海陆续设立验潮机构。自北向南建立了"大连高程零点""大沽高程零点""吴淞高程零点"等高程基准面。这些高程基准面的设立主要是为军事航海服务；还为测绘所侵占地域的军事地图提供依据，以便大规模在我国领土版图上掠夺资源及欺压残杀人民。

资本主义列强的侵略激起全国各族人民和爱国志士的义愤。1928年5月，曹谟（浙江兰溪人，被誉为中国"测量之父"）受委任筹建验潮所，观测潮汐和海平面。他组织人员对我国18000千米海岸线上可建验潮所的位置进行了综合考察和全面分析。在反复比较沿海各海域的优势、地理环境、海岸变迁、渔村风俗习惯和社会状况后，最终把验潮所的建设地点选定在玉环坎门前台的平石岙（即现在的坎门街道灯塔社区平石岙）。经过论证认可，玉环县海域和坎门平石岙咀符合建站和验取海平面的基本条件，可作为海拔零点的验取点。

1929年10月，黄慕松主持召开全国测量会议，制定《全国陆地测量十年计划》，进一步提出建立统一国家测量基准点的重要性和紧迫性，明确加快浙江坎门验潮所的建设步伐，设定坎门零点，统一全国海拔高度起算点。

在我国海拔起算点的历史选取过程中，一个科学"点"的建立和认可，取决于国家科学技术发展水平。这一过程包含了许多科学家追求真理的艰辛和心血，反映了一个国家综合国力的提高。

> 思维窗2：坎门验潮所是在怎样的形势下建成的？

◆选址的科学价值

坎门验潮所选址位置的天然地理条件在国内甚至国际上是罕见的。

坎门位于北纬28°，在我国漫长的海岸线上处在一个比较居中的位置，在这个纬度上建造的验潮所，有利于兼顾南北因素，有利于水准线路向内陆辐射。

坎门附近没有大江大河，潮位不受径流注入的影响，外侧无密集岛屿阻挡，水域深广，东海潮波分支中段直抵玉环海域，潮汐变化周期较为稳定，能充分反映测区的潮汐情况。

> 思维窗3：坎门验潮所选址位置的优越性主要体现在哪？说说你的理由。

文物保护

在21世纪的今天，坎门验潮所早已旧貌变新颜。坎门验潮所配备了大量现代化的观测设备，潮位已改为自动观测并输入电脑。坎门验潮所参与国际资料交流，为国家海洋观测中心提供了充足的观测数据。

监测项目从原来单一要素向综合性的多要素拓展，从而使高新技术的应用得到了加强，为政府防灾减灾、海洋与渔业行政管理等提供了科学依据，从而取得明显的社会效益和经济效益。

坎门验潮所曾被国家文物局列入2008年第三次全国文物普查百大新发现，被列为首批"浙江省海洋科普教育基地"。坎门验潮所在普及我国海洋科技知识、传播海洋文化、保护海洋环境和弘扬海洋精神等方面发挥了积极的示范作用。

> 思维窗4：请你想象一下坎门验潮所的未来会怎样。

文物研学

> **工具箱**
> 1. **研学景点：** 坎门验潮所、坎门天文点遗址
> 2. **研学主题：** ◆坎门验潮所的主要功能
> ◆坎门验潮所的选址
> ◆坎门验潮所的历史意义
> ◆ _____
> ◆ _____

参考资料

[1] 茅海建.天朝的崩溃：烟片战争再研究[M].修订版.北京：生活·读书·新知三联书店，2014.

[2] 杨青.寻找玉环本土情结的28个目的地[M].上海：上海人民美术出版社，2013.

[3] 十院校《中国古代史》编写组.中国古代史（上、中、下）[M].福州：福建人民出版社，1985.

[4] 李枝霞.玉环文物概览[M].北京：文物出版社，2011.

[5] 玉环县志编纂委员会，玉环县志[M].上海：汉语大词典出版社，1994.

[6] 玉环坎门镇志编纂办公室，玉环坎门镇志[M].杭州：浙江人民出版社，1991.

[7] 玉环楚门镇志编纂委员会，玉环楚门镇志[M].杭州：浙江人民出版社，1990.

[8] 玉环市文化广电新闻出版局.海岛珍遗·玉环三合潭遗址出土文物图文鉴[M].杭州：西泠印社出版社，2017.

[9] 杨青.玉环人面碉楼的现状和构成[J].中国文物科学研究，2011，（1）：67-71.

[10] 玉环史志网：http://yhsz.yuhuan.gov.cn.

附录　思维窗参考答案[1]

第一课　遇见榴岛宝藏

思维窗1：玉城街道、坎门街道、楚门镇、清港镇和沙门镇的不可移动文物数量较多，这些地方位于玉环市中心，平原面积大，开发历史早，人口较多；芦浦镇、干江镇、龙溪镇、大麦屿街道、鸡山乡和海山乡的不可移动文物数量较少，这些地方位于玉环市边缘地区，平原面积少，开发历史晚，人口较少。

思维窗2：楚门大山头道院三清殿（古建筑）、楚门石狮（石刻）、胡瞻塘墓（古墓葬）、法山头烟墩（古军事遗址）、海山潮汐电站（近现代代表性建筑）。

思维窗3：赞同乙同学的观点。文物古迹是宝贵的文化遗产，文物开发应科学利用、修旧如旧，对不可移动文物的修缮和保管，必须遵守不改变文物原状的原则。比如坎门东沙渔村作为特色历史文化村落项目，建设时以"海岛文化"为主题，保持渔村依山而建、错落有致的石头屋建筑原貌，加以渔网和贝壳修饰外墙，用船模和鱼骨点缀装修，打造宁静的渔家民宿，开设具有海景特色的海鲜餐厅，从而实现东沙渔村从文化到生态、从产业到生活的振兴。

---

[1] 所附答案仅为作者观点，仅供参考。

第二课　摩崖石刻上的玉环前生

思维窗："移乐大磐兵，为水陆两营；为温台篱藩，而海警以清。"指玉环厅当时从乐清、太平、盘石等地招募士兵，编制水军和陆军，发挥玉环作为温州、台州两地海防前线的屏障作用，使海患得以肃清。

"三时亦讨海，耕渔以为生。"指当时玉环老百姓以"讨海"作为主要生活方式。

"食乃薯之丝，人丝而畜茎。"指当时玉环老百姓主要的生活资料是蕃薯。人食薯丝，牲畜食薯茎。可见百姓生活十分艰苦，也反映出明朝传入的蕃薯已在江南丘陵一带广泛种植。

第三课　从陈参墓看明朝墓葬文化

思维窗1：1.碑正面：明朝追赠的奉政大夫吏部郎中陈参的墓，陈参号竹轩。

墓碑右边刻字：该墓由陈参的孙子刑部侍郎陈穆和颍州司训陈秉共同建立。

墓碑左边刻字：万历年（1591年）春清明时节立（吉旦，另一说法是指农历每月初一）。

2.答案略。

思维窗2：1.同一朝代的石马、石羊不一样。因为会受官阶、礼仪和墓葬形制等因素的影响。

2.石像生的数量、高度和形态会有不同。

思维窗3：唐朝帝陵的石马形态、神态，反映出大唐盛世、国力强盛、对外文化交流频繁、政治风气开放。受希腊神话飞马影响，人们在塑像造型上追求富贵与宏大。

明朝重视市民文化，大型雕塑受重视程度降低；明朝强化皇权，加强思想文化专制，受当时艺术文化影响，石马缺乏个性，看上去精神萎靡。

第四课　抗英英雄林正阳的长眠之所

思维窗1：定海有丰富的鱼盐资源。定海地理位置优越，地处中国东海岸中部，临近长江三角洲，可以沿长江深入内地。定海位于交通要道，无论是内河航运还是国际沟通，在定海开展贸易都十分便利。

思维窗2：定海之战的结果证明，仅仅依靠爱国将士的英勇并不能取得战争的胜利；清朝士兵整体战斗力下降，武器装备落后；上级官员乃至皇帝缺乏对敌人的了解。

第五课　三合潭遗址的先民足迹

思维窗1：该地背山临海，海陆兼备，地理位置优越，交通便利；河流众多，水源充足；处于冲积平原，地势平坦，土壤肥沃，适合发展农业；亚热带季风气候，雨热同期，适合人类生存与发展。

思维窗2：1.按生产方式和生活方式来分：原始瓷小狗、着黑陶杯、铜剑属生活方式类物品；铜钻、铜鱼钩、石犁铧是生产方式类物品。按制作材料来分，石犁铧属于石器；原始瓷小狗和着黑陶杯分别属于瓷器和陶器；铜剑、铜钻、铜鱼钩是青铜器。

2.从制作材料来看，经历了石器—陶瓷—青铜器，说明生产力在发展，生产技术在逐步进步；从原始瓷小狗可以看出，三合潭先民有了家畜饲养，并且制瓷技术达到一定成就，具备一定的审美水平。从石犁铧可以看出，当时玉环已经出现农业，并且先民制作石犁的技术精湛。从铜鱼钩可以看出，当时玉环已经出现渔业，并且先民制作捕鱼工具的技术精湛。铜器可能用于祭祀，说明先民出现了宗教信仰；可能用于武器，说明当时出现过战争；可能是身份的象征，说明出现了阶级分化。

3.答案略。

思维窗3：三合潭地区水源充足，降水丰沛，干栏式建筑具有就地取材、通风防潮的特点，能适应该地温暖湿润的亚热带季风气候，还能防止虫蛇叮咬。

第六课　从前塘垟遗址看玉环盐业

思维窗1：前塘垟遗址及附近北临大海，地势低平。

思维窗2：

时间	大事记
978年	密鹦场设立，在今城关密杏、后蛟、塘垟一带，属天富南北监管理
1000年	密鹦场升格为天富北监场，玉环盐业及经济发展迅速
1166年	遭受海啸，盐场废弃
1387年	受倭寇侵扰，盐场又一次废弃
1728年	张坦熊任玉环厅同知，发展盐利，天富北监和盐业得到了快速发展

盐业发展变化的主要因素：自然灾害、战争、海盗、围垦造地等。

第八课　边防要塞小鹿巡检司土城

思维窗1：蛇山濒临海洋，属于沿海地区制高点，适合瞭望与示警。小鹿巡检司依靠蛇山，适合防守。

思维窗2：行政职能：类似于今天的派出所。军事职能：防御倭寇，巡逻。

思维窗3：小鹿巡检司因为明王朝防御倭寇的需要而设立；因为沿海倭寇逐渐被清除和海禁政策而被废弃。

第九课　承载着海洋文化的妈祖宫

思维窗1：湄洲妈祖宫的装饰：抬梁式屋顶、屋脊、匾联、墙体材料（残存山墙的红砖）、灰塑、梁穿头装饰、藻井、属神（如千里眼、顺风耳等神下属，位于两侧的协侍神）、神龛（指神主房的装饰，层层推进）、神器等。

比较异同的答案略。

思维窗2：1.坎门天后马祖宫奉宪勒碑主要内容：清朝，由于渔业生产的发展与繁荣，坎门钓艚岙内船只进出频繁。同治初年，有弁兵对船只进行敲诈，乱收费，将原来的有货之船收取五百文的规定，擅自改为无论船只大小、有货无货，每船收取三千九百二十文。此事引起群众极大不满。浙江温台水路总镇朴勇巴图鲁吴，于同治六年（1867年）出示谕禁，规定有货之船收号钱五百文，无货不收，并于天后圣母宫前立碑。

后沙妈祖宫道光二年石碑主要内容：玉环未展复前，弁兵对船只索费的陋规就已存在。后玉环展复，地方官唯恐经费不足，将陋规改为赋税作为权宜之计。后道光帝思渔民生计淡泊，将赋税革除，但仍有弁兵索扰贫民，官府行文晓谕军民渔户知悉，圣上体恤贫民，准革除渔税，若有人仍以经费不足名目征收渔税，一经查实或者经人告发，绝不宽待。自雍正二年（1724年）玉环展复以来，治理民生全赖不课高税。乾隆九年（1744年）就已下旨革除船费陋规，载入治浙成规。后有黄邑、陈福、金荣等人冒充玉环盐厂另设新规敲诈勒索，民不堪命，于嘉庆年间上告官府并结案，但因未出示禁谕仍生滋扰。此案相复一拖再拖，竟至道光二年（1822年）才禁盐减配，并勒石立碑，永远为照。

后沙妈祖宫同治六年石碑主要内容：出海凶险，经常有渔商人遇难身亡。同治五年（1866年）出现了民间自助的慈善机构，设救生局，规定每年冬钓每船出钱二千，钱的利息用作渔民意外死亡的抚恤金，并将此规定刻于石碑立在教场头天后宫（后沙妈祖宫）前。此碑即讲述了救生局的来源及管理章程，并形成行规。

几处石碑所立内容虽有不同侧重点，但都与渔民生活密切相关，充分体现了清朝官府借用妈祖信仰为其有效治理当地社会服务。

2.坎门渔港东濒东海，与鸡山乡隔海相望，南连洞头区，位于浙江省舟山、披山、温台和闽东渔场的中心，有台湾暖流和沿岸寒流在此交汇，海域水产资源丰富。坎门渔港属沿海半山区，辖地钓艚岙与南排间山门为海上要道，渔船北上南下皆经过该处，旧时无航标，便以东山头大坎崖为标识，称泊地为"大坎门"，实属良好的避风之所和补给基地。

第十课　东西村的古戏台文化

思维窗1：古戏台呈正方形，木质结构，造型古朴，制作工艺考究，雕刻图案精美；戏台设计精巧，戏台高度为最佳观戏高度，藻井让演出呈现最佳效果，屏风保护隐私，对联宣扬文化。

思维窗2：祭祀作用：祈求一方平安，风调雨顺。

娱乐作用：娱乐大众，丰富村民的社会生活和精神生活。

教育引导作用：宣扬忠义精神，培养村民的爱国精神。

传承作用：传承戏剧文化，弘扬传统文化。

第十一课　楚门老十字街的变迁

思维窗1：当时楚门地处海滨，水产资源丰富。十字街是楚门交通要道，人流较密，客流量大，商贸活动活跃，故此地逐渐成为鱼市。

思维窗2：变化：中心街区地位发生了变化；经济功能发生了变化，原有的企业、公司搬迁或消失；政治文化功能发生了变化，原先的政治、文化等机构搬迁了。

原因：楚门镇的人口逐年增长；改革开放政策的落实，经济全面繁荣，促使经济区域外延，并促使了政治、文化等机构的变化；另外，老城区地域面积限制了城镇的快速发展。

第十二课　硝烟散去的百年碉楼

思维窗1：占地面积较小，楼层相对较低。墙壁厚实且墙面上有多处孔洞。以石木结构为主。

思维窗2：从玉环本地看，玉环碉楼群分布在玉环的偏北部山区或者沿海岛屿上；从区域看，玉环碉楼群沿乐清湾分布。兴建原因主要是防御海盗和土匪。

思维窗3：三处碉楼均具有外挂式箱体和人面象形的初步特征，可能在制式上有所学习模仿。

第十三课　充满爱国情怀与科学追求的坎门验潮所

思维窗1：答案略。

思维窗2：资本主义列强侵略我国，自北向南建立了"大连高程零点""大沽高程零点"等高程基准面，为他们的军事航海服务，也为测绘所侵占地域的军事地图提供依据，为大规模在我国领土版图上掠夺资源及欺压残杀人民提供条件，所以建立统一国家基准点迫在眉睫，从而建立了坎门验潮所。

思维窗3：优越性主要体现在：①有两条天然独特的海蚀海沟，因为这两条海蚀海沟的沟壁直立，能降低验潮所建设工程的难度、费用。

②验潮所东南向最外侧斜横着的天然山脊（平石岙咀），此山脊似一条天然防波堤，可以在台风大浪潮期间下去连续观测潮位变化，不会使观测资料断链。

思维窗 4：坎门验潮所可继续观测海水盐度、温度、风浪、环境等数据，跟世界各地交流。随着科技的发展，坎门验潮所可以不受环境限制，在大风大浪中也可继续发挥作用，所以，可以把验潮仪外移，放入海中直接收集数据。